Bernhard Sepp

Der Rücklass der unglücklichen Schottenkönigin Maria Stuart

Bernhard Sepp

Der Rücklass der unglücklichen Schottenkönigin Maria Stuart

ISBN/EAN: 9783743625310

Hergestellt in Europa, USA, Kanada, Australien, Japan

Cover: Foto ©ninafisch / pixelio.de

Manufactured and distributed by brebook publishing software (www.brebook.com)

Bernhard Sepp

Der Rücklass der unglücklichen Schottenkönigin Maria Stuart

DER RÜCKLASS

DER

UNGLÜCKLICHEN SCHOTTENKÖNIGIN

MARIA STUART.

(MIT ABBILDUNGEN.)

Motto:
VIRESCIT VULNERE VIRTUS.

HERAUSGEGEBEN

VON

DR. BERNHARD SEPP.

MÜNCHEN 1885.
J. LINDAUER'SCHE BUCHHANDLUNG
(SCHÖPPING).

AKADEMISCHE BUCHDRUCKEREI VON F. STRAUB IN MÜNCHEN.

HERRN

FRIEDRICH CULEMANN

IN

HANNOVER

GEWIDMET

VOM VERFASSER.

Widmung und Vorwort.

Verehrter Herr!

Gestatten Sie mir, Ihnen ein Werkchen zu widmen, zu dessen Entstehung Sie selbst durch gütige Ueberlassung Ihres illustrirten Catalogue of antiquities, works of art and historical Scottish relics (exhibited in the museum of the Archaeological Institute of Great Britain and Ireland during their annual meeting, held in Edinburgh, July 1856) erschienen Edinburgh (und London) 1859 die erste Anregung gegeben haben. War es doch Ihr Zuspruch, der mich ermunterte, trotz des wüsten Geschreies, welches die Tageskritik über mein „Tagebuch der unglücklichen Schottenkönigin Maria Stuart" erhoben hat, auszuharren und der Sache, die ich als die bessere erkannt und der ich bereits viele Opfer an Geld, Zeit und Gesundheit gebracht habe, auch fernerhin meine Dienste zu weihen.

Sie wissen, in welchen traurigen Verfall unser Recensententhum gerathen ist. Unberufene, die in den von ihnen besprochenen Streitfragen oft selbst mehr der Belehrung bedürfen, als das Publikum, welches sie aufklären wollen, und nicht selten ganz andere, als wissenschaftliche Zwecke im Auge haben, massen sich heutzutage an, ein Endurteil über Bücher zu fällen, welche das Resultat langjähriger Mühen und der genauesten Durchsicht und Prüfung umfassender Quellenwerke sind. Dennoch genügt (!) eine flüchtig hingeworfene Meinungsäusserung solcher Professionsrecensenten, um das grosse Publikum und die Leiter inländischer und ausländischer Bibliotheken zum Ankauf oder Nicht-Ankauf eines neuerschienenen Buches zu bestimmen. Difficile est satiram non scribere. Das heisst doch, den Bock zum Gärtner machen und den Schriftsteller zwingen, dem Götzen des Tages, der irregeleiteten öffentlichen Meinung, zu opfern oder zu nichtswürdigen Mitteln der Reclame seine Zuflucht zu nehmen. Ich könnte dieses mein strenges Urtheil mit drastischen Belegen aus meiner kurzen Erfahrung bekräftigen, doch es lohnt nicht der Mühe und ich will mich darum kurz fassen.[1])

Unter allen deutschen Recensenten, welche mein Werkchen besprochen haben, sind nur zwei, denen ich wegen ihrer Kenntnis der einschlägigen Litteratur dieses Recht gerne zugestehe: Dr. Hermann Cardauns in Köln und Professor Harry Bresslau in Berlin. Was Herrn Cardauns betrifft, so kann ich ihn nicht hindern, dem antiquirten Standpunkt, den er vertritt, auch fernerhin treu zu bleiben. Mag er sehen, wie er mit den zahlreichen Gegnern seiner Ansicht[2]) zurecht

---

1) Nur einen Punkt kann ich mir nicht versagen zur Sprache zu bringen. Während auswärtige Zeitschriften, wie die Revue historique, die Contemporary Review, die Dublin Review (welche letztere meinem Werk Maria und ihre Ankläger im Oktoberheft d. J. 1884 eine rückhaltlose Anerkennung hat zu theil werden lassen) ihre oft voluminösen Hefte dem Autor aus freien Stücken zur Verfügung gestellt haben, halten es unsere deutschen Litteraturzeitungen, obwohl ihnen Freiexemplare frankirt übersendet wurden, nicht der Mühe werth, auch nur eine wenige Seiten umfassende Nummer ihres Blattes demselben zuzusenden und es bedurfte meinerseits ernster Reklamationen, um sie an diese moralische Verpflichtung zu erinnern.

2) Ich erlaube mir von dem Kritiker Cardauns an den Historiker John Lingard zu appelliren, der in seiner Hist. of England (London 1849) VI S. 683 über die Cassettenbriefe sagt:
For my own part I have little doubt, that the letters were for the most part written by Mary. But in

kommt. Herrn Bresslau dagegen glaube ich die Antwort nicht schuldig geblieben zu sein (s. meine Erwiderung auf Bresslau's Replik in H. v. Sybels Histor. Ztschr. — München 1884, Lindauer) und ich gebe mich der stillen Hoffnung hin, ihn dereinst noch einmal auf meine Seite zu ziehen, um so mehr, als er erklärt hat (ebenda), dass er an der Sache kein persönliches Interesse habe und immer der Wahrheit die Ehre zu geben bereit sei.

Vorliegendes Büchlein hat den Zweck, alle jene Gegenstände namhaft zu machen, welche sich einst erweislich in der unmittelbaren Umgebung Maria's und in deren Besitz befanden und sich durch alle Stürme der Jahrhunderte hindurch glücklich bis auf unsere Zeiten erhalten haben. Denn wahrlich, man braucht kein „Ritter des Mittelalters,“ sondern nur ein Kenner der traurigen Lebensschicksale jener königlichen Frau zu sein, um (aus Gründen, die ich in meinem

---

this hypothesis, two questions will arise, to which her adversaries will not be able to give satisfactory answers.

I. To whom were they written? Those in the casket were exhibited without any address. For aught we know, they might be written to different persons. Two of them appear to me to have been letters sent by her long before to Darnley (über diese Ansicht vgl. m. Tageb. II S. 42 f.).

II. Were they originally written, as they afterwards appeared? It was easy to collect several of the queen's letters, to omit some passages, alter others, insert hints here and there, and by describing them as written to Bothwell, and on particular occasions, to give to them a character of criminality, which they did not originally possess. This appears to me to have been the meaning of the queen's lords in their instructions, September 12, 1568, where they say, that „in the writings produced in parliament there was no plain mention made, by the which her highness might be convicted, albeit it were her own handwrit, as it was not; and also the same was culled by themselves in some principal and substantious clauses." — Goodall II, 361. Laing I, 208.

Tagebuch I S. 81 f. kurz zusammengestellt habe) mit ihr Mitleid zu fühlen und an allem, was ihre Person berührt, Antheil zu nehmen, ein Interesse, das sich selbst auf die stummen und leblosen Zeugen ihrer einstigen langjährigen Gefangenschaft und ihrer letzten Lebenstage erstreckt. Sie selbst sind im Besitze mehrerer werthvoller Reliquien, deren ich mit Ihrer Unterstützung im Folgenden Erwähnung gethan habe. Von dem übrigen werden Sie das meiste in Ihrem schätzbaren, doch wenig verbreiteten Catalog finden. Einzelnes habe ich Labanoff, Strickland und anderen Quellen entnommen und ich glaube nicht, dass mir irgend etwas merkwürdiges entgangen sei. Nur in Bezug auf die Porträte Maria's meinte ich möglichst skeptisch verfahren zu müssen, weil es viele Idealporträte gibt, die keine Berechtigung haben, als authentisch zu gelten. Da das dritte Säkulum der Hinrichtung Maria's seiner Vollendung nahe ist, so hoffe ich, dass Ihnen und einem grösseren Publikum diese Gabe willkommen sein werde, zumal darin unter anderem auch mehrere Perlen mittelalterlicher Technik zur Darstellung gelangen.

Eichstätt in Bayern, am Tage des hl. Willibald 1885.

Der Verfasser.

Rücklass der Maria Stuart.

a) Die authentischen Porträte Maria Stuart's.
(Catalogue, Preface p. XI f.)

1) Das älteste Porträt Maria's nach dem Leben, von welchem wir Kunde haben, ist dasjenige, welches sie, dreizehn Jahre alt, als Verlobte des Dauphin's (Franz) von Frankreich um d. J. 1555 an ihre Mutter Maria von Guise, damals Regentin in Schottland, nach Edinburgh sandte. Das von François Clouet, gen. Jehannet oder Janet[1]), Hofmaler Heinrich II., gemalte Original ist leider verloren, doch haben sich zwei Crayonskizzen von seiner Hand, die eine in der Sammlung von Porträten aus der Periode Franz I. (früher in Castle Howard, seit der Mitte des vorigen Jahrhunderts im Besitz der Gr. v. Carlisle), die andere in der Bibliothek von Ste. Geneviève in Paris[2]), erhalten, welche — wenn wir von dem reiferen Alter, in dem Maria darauf erscheint, absehen — den Typus jenes Porträts wiedergeben dürften (s. Catal. S. 204): Maria (in Brustbild) trägt ein kleines enganliegendes Häubchen, unter dem ihr hellbraunes zurückgekämmtes Haar verborgen ist; um den Hals eine schmale Krause; ein enganschliessendes Oberkleid mit langer, bunter, konisch zulaufender Taille und Puffärmeln; als Schmuck Ohrringe und eine Perlenschnur, welche um den Hals gelegt ist, vorne über ihren Busen herabfällt und mit einer grossen birnförmigen Perle (oder Kreuz) endigt. [Näher

---

1) Enkel des Brüsseler Malers Jan Cloet (um 1475), dessen Sohn Jehan gen. Jehannet (d. i. Jean junior) — 1541 ca. am Hofe Franz I. thätig war. François starb zu Paris um d. J. 1572.

2) Abgeb. bei Fr. Aug. Mignet, hist. de Marie Stuart vol. I und A. Gaedeke, Maria Stuart. Heidelb. 1879 „nach Donaldson" vor dem Titelblatt.

kömmt jenem jugendlichen Alter ein schönes Gemälde in der königlichen Gallerie zu Madrid. Ein kleines Bild im Louvre stellt Maria im Brautschmucke dar, wie sie dem Dauphin ·in Nôtre-Dame zu Paris am 24. April 1558 sich gezeigt haben mag: ihr weisses Kleid ist reich mit Juwelen besetzt; lange gekräuselte Locken fallen lose über ihre Schultern; auf ihrem Haupt ein kronartiges Diadem. Als erkorne und gekrönte Königin von Frankreich erscheint sie auf einem um d. J. 1559 gemalten Porträt, welches Fürst Labanoff dem Flamänder Peter Porbus zuschrieb (h. in der Eremitage zu St. Petersburg). Im J. 1560 kurz vor dem Tode Franz II. übersandte Maria der Königin Elisabeth durch Lord Seton ein (auch von James Melvil in seinen Memoiren zum J. 1564 erwähntes) Miniaturporträt (vgl. Miss Strickland III S. 134 u. 161), wohl dasselbe, welches heute in der Sammlung I. M. der K. Victoria befindlich ist[3]) und schon im Katalog der Gemälde Karl's I. zu Whitehall um das J. 1639 (als vermuthliches Werk Janet's) aufgeführt wird: Maria in fleischfarbigem Kleid mit Goldschnüren, eine Perlenkette um den Hals, wie sie eben den Trauring an ihren Ringfinger setzt. Auf blaugrundirtem viereckigem Carton.]

---

3) Jedenfalls nicht das einst dem schottischen Geschichtschreiber Patrick Fraser Tytler gehörige (s. Catal. S. 209 f.) fast lebensgrosse Gemälde (auf Holz), welches dieser mit Unrecht Federigo Zuccaro zuschrieb, der erst 1572 nach Frankreich kam, 1574 für kurze Zeit nach England übersetzte, im Mai 1575 Elisabeth und Leicester zu London (in Crayons) malte, aber sicher keinen Zutritt zu der strengverwahrten Schottenkönigin erhielt.

Das von Miss Strickland III vor dem Titelblatt abgebildete und ibid. S. 94 f. beschriebene Porträt (auf Leinwand), welches angeblich dem Gr. v. Cassilis, einem der schottischen Brautzeugen bei der Vermählung Maria's, i. J. 1558 geschenkt wurde und jetzt den Erben des Hauses Kennedy gehört, gleicht zwar im allgemeinen dem unter Anmerkung 2 aufgeführten, scheint aber kein gleichzeitiges zu sein (s. Catal. S. 207); vgl. noch das ibid. S. 95 beschriebene Medaillon mit den Miniaturbildern Franz II. und Maria's.

2) Abermals malte Janet die Schottenkönigin, da sie ihren frühzeitig (5. Dez. 1560) vom Tode hingerafften Gatten betrauerte: als Reine blanche in weissen Trauerkleidern mit Zügen voll Kummers (vgl. Ronsard's Verse bei Miss Strickland III S. 165 f.). Ausser Crayonskizzen in der Bibliothek von Ste. Geneviève zu Paris, in den Sammlungen I. M. der K. Victoria (früher im Besitz des Gr. v. Bessborough) und Dr. Henry Wellesley's zu Oxford hat sich ein kleines leider früh schadhaft gewordenes Oelgemälde „von Janet" (auf Holz gemalt), das Karl I. schon als Prinz erwarb und 1631 in seinem Privatcabinet aufhängen liess, zu Hamptoncourt erhalten, womit das im Jesus College zu Cambridge befindliche Porträt übereinstimmt (s. Catal. S. 201 f.).

3) Auch nach ihrer Rückkehr nach Schottland im August 1561 vergass Maria der französischen Künstler nicht. So erhält noch in dem vom 13. Febr. 1567 datirten Etat (gedruckt bei A. Teulet, Relations etc. II S. 268 f.) unter den „Vallets de Chambre" ein gewisser Jehan de Court, paintre 240 livres ausgesetzt, wohl derselbe Jehan Court, dit Vigier, welcher jene herrliche Tasse mit dem Wappen Maria's in Limousiner Email, la coupe de Marie Stuart genannt (nunmehr in Besitz des South Kensington Museums, für welches sie zusammen mit einem Becher aus der Zeit Heinrich II. um den Preis von 2400 £ aus der Sammlung des verstorbenen Grafen Pourtalès zu Paris angekauft wurde) verfertigt hat (gest. um 1583 als Nachfolger des obengen. François Clouet). Er mag jenes Miniaturporträt, welches Maria an einer reichen Kette dem englischen Abgesandten zur Feier der Taufe des jungen James, Sir Christopher Hatton, am 17. Dez. 1566 überreichen liess, wie auch das noch in den Inventaren zu Chartley (August 1586) und Fotheringay (20. Februar 1587) erwähnte: Petit livret d'or, ayant les portraicts de la Royne d'Escosse, de feu son mary et de leur fils (s. Laban. VII S. 244 vgl. ibid. S. 257 in the custody

of Elizabeth Curle: A booke of gold enamelled, contayninge the pictures of the late Scottishe Q., her husband, and her soune), welches Elisabeth Curle i. J. 1620 dem von Maria gestifteten Seminar zu Douay vermachte (Un joiau d'or, qui renferme un petit portrait de la Reine, über ein zweites grösseres Porträt s. u.) gemalt haben. Vielleicht aber rührt auch das berühmte Gemälde von ihm her, welches heute (nebst einem vortrefflichen Teppich von der Hand Maria's s. u.) zu Dalmahoyhouse bei Edinburgh aufbewahrt ist[4]), ein Erbstück der Grafen von Morton, der Nachkommen jenes William Douglas, Stiefbruders Murray's, der einst Maria auf seinem Schloss zu Lochleven vom 17. Juni 1567 bis 2. Mai 1568 in strengem Gewahrsam hielt. An dem authentischen Charakter des letzteren kann um so weniger gezweifelt werden, als die eigenthümliche Bildung der Nase (gegen die Spitze hin etwas ansteigend, unten leicht eingebogen s. den Brief Horace Walpole's an Sir Joseph Banks bei Chalmers I Preface p. XV A.) auch auf dem ihr von

---

4) Nach der Tradition ein Geschenk Maria's an Wilhelm's Bruder, George Douglas, dem sie neben dem jungen Willie ihre Befreiung aus jener Haft verdankte. Das Mortonporträt — wohl das schönste von allen — ist abgebildet nach Chalmers I (s. u.) und Miss Strickland VI (vor dem Titelblatt) vgl. Catal. zu S. 205 f. (nach derselben Platte). Beide Abbildungen stimmen übrigens wenig überein, zumal da der Zeichner der Miss Strickland das Kostüm offenbar falsch aufgefasst hat. Auf Chalmers' Kupfer hat Maria eine Art Adlernase (vgl. Pailou's Idealporträt auf Elfenbein bei Chalmers II vor dem Titelblatt). Erwähnung verdient ferner das der Familie Howard zu Greystoke-Castle (wo auch eine gute Stickerei Maria's gezeigt wird s. u.) gehörige auf Holz gemalte Bildnis der Schottenkönigin in jüngerem Alter (Catal. S. 205). In auffallender Tracht erscheint Maria auf einem Bilde zu Workington Hall (abgeb. bei Miss Strickland IV vor dem Titelblatt, beschrieben ibid. VI S. 106 f. — Profil nach links; ein Tuch malerisch über den Kopf geworfen), doch mochte dieselbe ihrer damaligen Situation (Maria auf der Flucht) entsprechen.

James I., ihrem Sohne, in der Westminsterabtei dem Grabmal Elisabeths gegenüber errichteten Marmormonument[5]), das einer Todtenmaske nachgebildet scheint (s. die Abbildung), wiederkehrt. Das erw. Gemälde zeigt uns Maria in lebensgrossem Brustbild (auf Holz gemalt) mit feinen und geistreichen, aber ernsten Zügen, das Gesicht von einem weissen Häubchen, breiter Krause und lang herabfallendem Schleier eingefasst[6]), im schwarzen Trauergewand, das sie nach dem Tode ihres Gatten Darnley nicht mehr ablegte. Mit ihrer rechten Hand berührt sie ein Medaillon, an dem eine birnförmige Perle hängt (s. die beiden Abbildungen). Dieses war aber auch gewiss das letzte grössere Bildnis

[5]) Aus den erhaltenen Rechnungen scheint hervorzugehen, dass dieses Monument gleichzeitig mit dem Sarkophag der Königin Elisabeth entstanden ist, also lange, ehe die wirkliche Uebertragung der Gebeine aus der Kathedrale von Peterborough (11. Okt. 1612) stattfand. Der Entwurf zu beiden dürfte von demselben Künstler herrühren (wohl von „John de Critz the painter"); nur die Ausführung besorgten verschiedene Hände. Während Maximilian Powtran (Poutraine) die Grabmäler Elisabeths und der jung verstorbenen Töchter James I., Sophie und (?) Mary, herstellte, bekamen Cornelius Cure, Master Mason of his Highness's works, (auf Grund schriftlichen Contrakts vom 19. April 1606) und nach dessen Tod dessen Sohn William Cure (in gleicher Eigenschaft) „for the framing, making, erecting and finishing of a tomb for Queen Mary, late Queen of Scotland" im Ganzen £ 825, 10 s. (das Grabmal der Elisabeth kostete £ 965, alle vier zusammen £ 3500). Das Eisenwerk besorgte Richard Patrick, Blacksmith, die Bemalung und Vergoldung des Monuments James Mauncy (oder Manuty) painter laut Contrakt vom 14. Mai 1616 (für £ 265) s. Catalogue Preface p. XXVI und XXIX f. Eine Ansicht des ganzen Grabmonuments bietet Chalmers II zu S. 454 (von Süden aufgenommen).

[6]) Die Farbe der Haare Maria's wird verschieden angegeben (doch s. Anmerk. 8), da es damals bei den Damen Mode war, Perrücken und zwar von verschiedener Farbe zu tragen. Elisabeth besass deren zu einer Zeit allein achtzig vgl. Miss Strickland vol. VI S. 127; die Augen werden uns bald als braun (hazel-eyes, chestnut) bald als grau geschildert.

Maria's, welches nach dem Leben gefertigt wurde, denn schwerlich gestattete Elisabeth, seit sie Maria nach ihrer Flucht auf englischen Boden (16. Mai 1568) in strenge Haft hatte nehmen lassen, einem Maler zu ihr Zutritt.[7]) Jenes Porträt, welches Nau in einer Nachschrift zu einem Briefe Maria's an den Erzbischof von Glasgow vom 31. Aug. 1577 (von Sheffield aus) erwähnt (s. Laban. IV S. 390), kann daher nur ein leicht transportables und leicht zu verbergendes Miniaturbild gewesen sein[8]), wurde doch selbst der Brief,

---

[7]) Ueber Federigo Zuccaro s. o. Anm. 3. Dass weder Holbein d. j., der 1554 zu London starb, zu welcher Zeit Maria in Frankreich lebte, noch Tizian, der sie niemals sah, noch Vandyk, der erst nach dem Tode Maria's (1599) geboren wurde, sie nach dem Leben gemalt haben kann, ist von selbst einleuchtend. Ob der flämische Maler, welcher i. J. 1579 das Porträt James VI. zu malen nach Edinburgh berufen war (s. Tytler VIII S. 418), auch in Maria's Gefängnis einzudringen vermochte, ist fraglich.

[8]) Ein werthvolles Miniaturporträt dieser Art aus d. J. 1572 mit Maria's eigner Widmung an die Gräfin von Lennox, ist im Besitze des Herrn Senators Friedrich Culemann in Hannover. Es möge hier seine eigene Beschreibung dieses Kleinods, die er mir mit einer Zeichnung gütigst übermittelte, folgen.

Medaillon der Maria Stuart. Ovale Form, mit Henkel zum Anhängen, unten eine schottische Perle in Birnenform. Portrait in ganzer Figur, schwarzes Kleid mit Goldbrokat, in der Mitte des Rockes senkrecht eine Abtheilung mit 7 Knöpfen, hinter dem Kopf ein stehender hoher weisser Spitzen-Kragen, auf dem Kopfe eine rothe Haube mit Gold verziert, die sich unter dem Kinn mit den Wandungen schliesst; die rechte Hand fasst ein an einer Perlenkette hängendes goldenes Kreuz; in der linken Hand, welche herabhängt, hält sie ein himmelblaues Buch.

Zur linken Seite das schottische Wappen mit dem rothen Löwen auf goldenem Feld, darunter in Versalien die Schrift MARIA·SCOT·R·AETATIS XXX; rechts auf einer rothen Decke mit Goldbrokat die schottische Krone mit Scepter.

Das Ganze unter einem geschliffenen Glas, welches mit einem Perlenkranz in echten Perlen umgeben ist, und dieser ist wieder ein-

welcher das Geschenk ankündigte, von Elisabeth's Häschern aufgefangen (s. dessen Entzifferung im State Paper Office in London, Mary Queen of Scots vol. 10). Noch i. J. 1575 hatte Maria dergleichen Miniaturporträte in Frankreich bestellen müssen, s. Laban. IV S. 256 Brief Maria's an den

gefasst, als freistehenden Schmuck abwechselnd die Lilie und den Löwen (auf rundem Schild) enthaltend; die ganze Einfassung Gold.

Auf der Rückseite liegt unter Glas eine dunkelblonde Haarlocke auf einer Schrift: for Margaret Lennox mey hayr Marie R XVII. Julij; eine schottische Schnur blau-roth-gelb ist eingelegt und eine gleiche ist dem Medaillon angehängt.

Nach Mittheilungen stammt das Medaillon aus dem Besitz der Gemahlin des Landgrafen Friedrich II. von Hessen, geb. Maria Princess von Grossbritannien, geb. 1723, vermählt 1740.

Ueber die Wiederanknüpfung freundschaftlicher Beziehungen zwischen Maria und ihrer Schwiegermutter vgl. Maria's Brief an die Gräfin von Lennox vom 10. Juli 1570 (bei Laban. III S. 77 f.), welchen diese an ihren Gatten schickte (s. dessen Antwort bei Robertson III S. 141); das Facsimile eines (unterschlagenen und im State Paper Office befindlichen) Briefes der Margaret Douglas an Maria, Hackney 6. Nov. (1575?) — bei Miss Strickland V zu S. 372 — worin eines token's und Briefes der Maria Stuart gedacht wird; (vielleicht gehört auch die Stickerei der Gräfin von Lennox für Maria, welche Laban. VII S. 240 aufgeführt ist: „Un petit quarré, faict à point tressé, ouvré par la vielle comtesse de Lenox, elle estant en la Tour" hieher, da die genannte Gräfin nicht weniger als drei Mal — zuletzt im Jahre 1574 — im Tower sass, s. ihre Biografie bei Miss Strickland II S. 439 f. vgl. ibid. 402; ihr Bild im 50. Lebensjahr ibid. vor d. Titelblatt); Maria's Testamentsentwurf zu Sheffield Febr. 1577 bei Laban. IV S. 356 und 360; endlich Maria's Brief an den Erzbischof von Glasgow, Sheffield 2. Mai 1578 bei Laban. V S. 31 f. (Das Original, geschrieben nach dem Tode der Gräfin 9. März 1578 zu Hackney in Middlesex, ist im Besitz des Herrn Culemann s. d. Anhang.) Ein anderes Miniaturbild mit der Aufschrift Anno Domini 1579 und dem Monogramm MR in Goldschrift auf Ultramaringrund erwähnt der Catalog Preface p. XIX Anm. 1 (Haar lichtbraun, Augen grau). — Als am 30. August 1574 Maria's Sekretär Raullet starb, beschlagnahmte der Graf von Shrewsbury dessen Papiere s. Laban. IV S. 215.

Erzb. v. Glasgow und den Kardinal v. Lothringen (dessen Tod ihr noch nicht mitgetheilt worden war) Sheffield 9. Jan. 1575 (Il y a de mes amis en ce pays qui demandent de mes peinctures. Je vous prye m'en faire faire quatre, dont il fauldra qu'il en soyent quatre enchassez en or, et me les envoyez secrètement, et le plus tost que pourrez). Demnach können die lebensgrossen Gemälde (Ganzfigur) zu Hamptoncourt (ehemals in St. James' Palace), Hatfield (im Besitz des Marquis v. Salisbury) und Hardwick, welche im allgemeinen dem Mortonporträt gleichen, aber Maria in höherem Alter (zwischen 36 und 38 Jahren) darstellen, nur als Copien gelten. Das (lebensgrosse Ganzfigur-) Bild zu Windsor Castle endlich scheint nur eine Nachahmung jenes (zweiten) Porträts zu sein, welches Elisabeth Curle, eine der Begleiterinnen Maria's zum letzten Gange, i. J. 1620 dem Seminar zu Douay vermachte[9]) und das, vor den Stürmen der Revolutionszeit in einem Kamine gerettet, heute in dem kath. Schottenkolleg zu Blairs (bei Aberdeen) verwahrt wird (abgeb. bei Miss Strickland VII vor dem Titelblatt). Letzteres zeigt Maria sichtlich gealtert in der Tracht, in welcher sie das Schaffot bestieg (im Hintergrund eine kleine, aber getreue Darstellung der Hinrichtungsscene s. Miss Strickland a. a. O. S. 494 f.) = „grand portrait de sa Majesté vetue comme elle etoit à son martyre" (nach der Erinnerung gemalt?) und mag von demselben Augenzeugen Amyas Cawood herrühren, der — ein Verwandter der treuen Dienerin Maria's, Margaretha Cawood — uns ein wahres Abbild [10]) des abge-

---

9) Vgl. noch das von Gilbert Curle's Gattin, Barbara Mowbray, und dessen Schwester, Elisabeth Curle, im südlichen Querschiff der Kirche des hl. Andreas zu Antwerpen — wo sie ihre letzten Tage zubrachten — gestiftete Marmormonument mit Maria's gekröntem Haupt in Lebensgrösse.

10) s. Catal. S. 214 f. Es wurde bekanntlich durch Walter Scott (von einem preussischen Edelmann) erworben und wird noch heute

schlagenen Hauptes der Schottenkönigin hinterlassen hat, wie es in einer grossen Schüssel auf einem scharlachroth ausgeschlagenen Tisch (zur öffentlichen Ansicht?) ausgestellt war (unter der Schüssel liest man auf einer kleinen Rolle die Worte: Maria Scotiae Regina. Amias Cawood. Fotheringay, the 9th Feb. 1587).
Ob das im Inventar zu Chartley (Laban. VII S. 248) erwähnte Porträt (Un de Sa Majesté mesme, en quarré, venant au dessoubs de la ceinture [11]) erhalten und unter den

zu Abbotsford gezeigt (das ähnliche Bild von Lieutnant-Colonel Birch ist wohl nur eine Copie davon, wie sich deren im Rittersaale zu Frederiksborg auf Seeland und im Heidelberger Schloss befinden sollen). Ebenda ist auch ein Bett zu sehen, in welchem Maria während ihrer Krankheit zu Jedburgh Oktober 1566 lag (Haus und Zimmer zu Jedburgh sind noch wohl erhalten, nebst einer geübten Tapete, welche die Begegnung Jakobs mit Esau darstellt, s. Miss Strickland V S. 30 f.).

Als Probe der so häufigen Phantasiegemälde mag die Reproduktion einer Copie des sog. Orkneyporträts zu Dunrobin Castle (Catal. zu S. 208) durch Bernard Lens († 1741), h. im Besitz des Herrn Culemann, dienen (s. letzte Seite). Die beiden Porträte von James V. und Maria v. Guise, den Eltern Maria's (vermählt 1538), gehören zu den sog. Stirlingsköpfen, d. h. einer ansehnlichen Reihe in Eichenholz geschnitzter Medaillons (von hohem kulturhistorischen Interesse), welche einst die Bekleidung der Decke des (i. J. 1777 zerstörten) Königssaals in dem von James V. um 1529 erbauten Palast zu Stirling bildeten. Jedes derselben misst 28 e. Z. im Durchmesser s. Catal. S. 161 und 162.

11) Ich reihe hier die übrigen Porträte an, welche sich nach Ausweis der bereits erwähnten Inventare aus den Jahren 1586 und 1587 bis zum Lebensende in Maria's Besitz befanden.

s. Laban. VII S. 248: Du feu roy Charles (IX, Schwager Maria's).
    Du Roy à présent régnant (Heinrich III., Schwager Maria's).
    De la Royne de Navarre (Margarethe von Valois?, Schwägerin Maria's).
    Du Roy d'Escosse à présent régnant (James VI., Maria's Sohn).

obigen begriffen sei, lässt sich kaum entscheiden. Von einem Glasgemälde, auf welchem Maria knieend dargestellt war —

s. Laban. VII S. 248: De feu M. le cardinal de Lorraine (Karl von Guise, Maria's Onkel).
De la feue Royne d'Escosse, de la maison de Guise (Maria v. Guise, Maria's Mutter).
[Du] feu duc de Guise (Franz v. Guise, Maria's Onkel).
Du duc de Guise d'à présent (Heinrich v. Guise, Maria's Vetter).
Des roys Jacques II, III, IV, V et VI (Maria's Ahnen, Vater und Sohn).
vgl. Laban. a. u. O. S. 254.

Unter den „Joyaulx" werden ibid. S. 243 erwähnt:
Une ovale d'or avec le portraict du Roy d'Escosse à présent (James VI., wohl das obige).
Un petit portraict de la Royne d'Angleterre, en yvoyre (Elisabeth).
Pareil portraict, en yvoyre, de la feue comtesse de Lenox (s. Anm. 8).

ibid. S. 244: Un livret quarré de deux grands lapis enchâssés en or esmaillé, dans lequel sont les portraicts du roy de France Henry III., et de la Royne sa femme, attaché à une chaîne d'or faicte de leur chiffre; vgl. ibid. S. 255.
Un pareil livret d'or où sont les portraicts du feu roy de France, Françoys II., et de la Royne sa mère (Katharina v. Medici); vgl. ibid. S. 259.
Autre pareil livret ayant le portraict de la Royne d'Angleterre (s. o.).
Autre plus petit livret d'or ayant les portraicts de la Royne d'Escosse (Maria Stuart), de feu son mary (Henry Darnley) et de leur fils (James VI.); vgl. ibid. S. 257 o. S. 11 f.

ibid. S. 245: Le portraict de la feue royne d'Angleterre, Marie (Tudor), taillé en une agathe enchâssée en or et esmaillé, avec pierreries.

peint aux vitres des Cordeliers à Paris s. Catal. S. 200 — ist leider nur eine Zeichnung (nach dem Original) in der Sammlung Gaignières zu Paris auf uns gekommen.

Medaillen mit dem Bildnis der Maria Stuart.

1) Medaille geprägt bei Gelegenheit der Vermählung Maria's mit dem Dauphin Franz, Sohn Heinrich II. von Frankreich, zu Paris 24. April 1558. (Kein gleichzeitiges Exemplar hat sich erhalten, doch wurden die Originalstempel um das Jahr 1840 nach langer Vergessenheit in der Münze zu Paris wieder aufgefunden) Catal. S. 182 f.

Avers. Profilbüsten des Dauphin und Maria's respectant. Der Dauphin in Rüstung, die Königin trägt einen hohen Kragen, ihr Haar ist in ein Netz eingeschlossen. Ueber beiden eine gewölbte französische Krone, auf deren Reif Lilien und Kreuze abwechselnd angebracht sind.

ibid. S. 246 f.: Un mirouer garny d'argent avec petites peintures de madame de Savoye (Louise?), la feue Royne d'Escosse de la mayson de Guise (Maria v. Guise), et deux aultres dames.

ibid. S. 261: Fower images (d. i. Heiligenbilder), the one of our ladye in red corall.

Leg. FRAN·ET·MA·D·G·RR·SCOTOR·DELPHIN· VIEN.

Revers. Schild halbirt: rechts die Wappen von Frankreich und der Dauphiné, geviertelt, links das Wappen Schottlands; über dem Schild eine gewölbte Krone mit Lilien und Kreuzen wie oben.
Leg. FECIT·VTRAQVE·VNVM·1558.
Im Feld auf der rechten Seite des Wappens die Initiale F, auf der linken M, beide unter Kronen.
Durchmesser 1 11/12 e. Z.

Abgeb. nach einem modernen Abguss bei Miss Strickland III S. 90; eine kleinere Goldmedaille von gleichem Datum und ähnlichem Avers (Revers verschieden) findet sich im Sutherland Cabinet in der Advokatenbibliothek'zu Edinburgh, welches auch mehrere seltene (Gold-)Münzen Maria's aufzuweisen hat, vgl. Chalmers I S. 507, Catal. S. 95.

2) Silbermedaille geprägt bei Gelegenheit der Vermählung Maria Stuart's mit Darnley, 29. Juli 1565 (Original in der Sammlung des Grafen v. Oxford) Catal. S. 183.

Avers. Büsten von Lord Darnley und Königin Maria respectant.
Leg. (Voran eine Distel) HENRICVS·& MARIA·D· GRA·R·& R·SCOTORVM.
Ex. 1565 (abgeb. nach Chalmers II auf dem Titelblatt).

Revers. Wappen von Schottland, darüber eine Krone.
Leg. QVOS·DEVS·CONIVNXIT·HOMO·NON· SEPARET.

Durchmesser 1 2/3 e. Z. (30 sh. Stück, Gewicht 1 Unze).

Man beachte, dass der Name Heinrichs dem Namen der Königin vorangeht (wie auf dem unten zu erwähnenden Siegelring).

Die bei Chalmers III auf dem Titelblatt (Avers) und S. 652 (Revers) abgebildete Silbermedaille mit 2¹/₁₂ e. Z. Durchmesser gehört einer späteren Zeit und anderen Familie an.

3) Medaille der Maria Stuart mit interessantem Porträt (Original fehlt, nur in Abguss erhalten) Catal. S. 215 f.

Avers. Brustbild Maria's in Profil nach rechts, sie trägt enganliegende Kleidung (vorne mit Knöpfen), eine schmale Krause, einen langen am Kopfputz befestigten Schleier.
Leg. MARIA STOVVAR REGI SCOTI ANGLI.
Hinter dem Kopf im Feld: IA · PRIMAVE.
Revers. fehlt? — Durchmesser 2⁵/₈ c. Z. abgeb. nach Chalmers III vor dem Titelblatt.

Von der Hand Jacopo Primavera's (zur Zeit ihres Aufenthalts in Frankreich) gefertigt, der auch Medaillen auf die

Königin Elisabeth, Katharina von Medici, Franz, Herzog von Alençon etc. schlug.

4) Erwähnung verdient noch eine Medaille von Franz II., geprägt bei Gelegenheit des Abschlusses des Edinburgher Vertrags, unterzeichnet 6. Juli 1560 (worin die Rechte der Königin Elisabeth auf die Kronen von England und Irland anerkannt wurden und die Gesandten Franz II. und Maria's einwilligten, dass beide, König und Königin, Wappen und Titel von Königen der genannten Reiche nicht weiter führen sollten); der Originalstempel hat sich in der Münze zu Paris erhalten. Catal. S. 216.

Avers. Brustbild Franz II. nach links, in Rüstung, einen Olivenkranz auf dem Haupt.

Leg. FRANCISC · II · D · G · FRANC · ET · SCOT · REX.

Revers. Die Initiale F unter einer gewölbten Krone zwischen zwei Füllhörnern, aus welchen kleine Büsten (wohl Franz und Maria) respectant herausragen.

Leg. ABVNDANTIA PVBLICA GALLIAR.

Ex. 1560. PAX · CVM · ANGLIS.

Durchmesser 2⅛ e. Z.

Von kleineren Medaillen sind noch zu erwähnen:

1) the bawbee coin, eine kleine ovale Kupfermünze, geschlagen zum Andenken an Maria's Krönung zu Stirling 9. Sept. 1543, abgeb. bei Miss Strickland III S. 18 Kopf der neun Monat alten Maria (en face), die Krone auf dem Kindshäubchen, um den Hals eine kleine Krause.

2) Maria in Profil nach links mit Zöpfen und Perlenschnüren.

Leg. MARIA · D · G · SCOTOR · REGINA.

Ex. 1555. abgeb. bei Chalmers I auf dem Titelblatt.

3) Maria in Profil nach links mit Zöpfen, in hoher weisser Krause, als Wittwe.

Leg. MARIA · DEI · GRA · SCOTORVM REGINA.

Ex. 1562. abgeb. nach Chalmers II S. 584 auf dem Titelblatt.

Nachdem im Vorausgehenden die überlieferten authentischen Porträte Maria's, welche meist als Geschenke für Verwandte oder nahestehende Freunde der Schottenkönigin bestimmt waren, besprochen wurden, soll jetzt von anderen erhaltenen Gegenständen, deren sie sich erweislich für ihre eigene Person bediente, die Rede sein.

b) Hausgeräth.

1) Handglocke[1]) aus vergoldetem Silber, mit Griff 4¼ e. Z. hoch, 2¼ e. Z. grösste Weite (Catal. S. 170 f.), welcher unter den Kostbarkeiten Maria's wiederholt gedacht wird. (So in Maria's Testamentsentwurf zu Sheffield Februar 1577 s. Laban. IV S. 360: A Nau, mon grand diamant, ma grande escritoyre d'argent aux bords dorez et la closchète de mesme; in dem in Maria's Abwesenheit August 1586 zu Chartley aufgenommenen Inventar: Une clochette d'argent de sus la table de Sa Majesté s. Laban. VII S. 247; in dem zu Fotheringay 20. Februar 1587 von Paulet aufgenommenen Inventar: In the custody of Elizabeth Curle, A little silver bell s. Laban. VII S. 262). Ueber die Identität lässt das daran angebrachte königliche Wappen von Schottland (der Schild unter einer niedrig gewölbten französischen Krone, deren Zinken abwechselnd von Lilien und Erdbeerblättern gebildet werden), das gekrönte Monogramm

---

[1]) Nr. 1, 2 und 3 Erbstücke der Familie von Bruce of Kennet.

Maria's (wie auf der Innenseite des Siegelrings Nr. 1 s. u.) mit einer aus den Buchstaben des Namens MARIE STEWART gebildeten Devise: SA·VERTV·MATIRE²), d. i. sa vertu m'attire (s. die Abb.), endlich die auch auf anderen Gegenständen

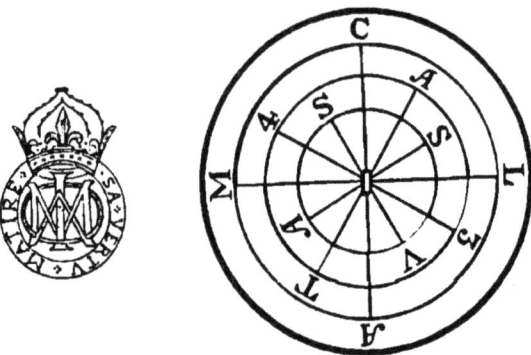

Maria's³) wiederkehrende impresa — eine Weinrebe, deren eine Hälfte blätterlos ist, darüber eine Hand aus Wolken hervorragend, welche mit einem Winzermesser die todten Zweige abschneidet; auf einem herumlaufenden Band die herrlichen

---

2) Vgl. folgende Stelle aus einem Briefe des Dichters Drummond von Hawthornden an Ben Jonson datirt 1. Juli, 1619 (Catal. S. 171): „I have been curious to find out for you the impresas and emblems on a bed of state, wrought and embroidered all with gold and silke by the late Quene Marie, mother to our sacred Soverayne, which will embellish greatly some pages of your booke, and is worthye of remembrance. The first is the loadstone turning towards the pole, the words, her Majesties name turned into an anagram, MARIA STEUART, SA VERTV MATIRE, which is not much inferiour to VERITAS ARMATA."

3) So auf einem — wie die Handglocke in Frankreich gefertigten — silbernen Rechenpfennig Maria's s. u. Jeton Nr. 2; ferner auf einem von ihr gestickten Kissen, welches sie von Wingfield aus 20. September 1569 (s. Laban. II S. 379) durch James Borthwick an den Herzog von Norfolk sandte, s. Miss Strickland vol. VII S. 21 f. (das schottische Wappen, darunter impresa und Motto).

Worte: VIRESCIT · VVLNERE · VIRTVS — keinen Zweifel. Auf der vierten Seite steht das Monogramm Christi (s. die Abb. der Glocke), ringsumher die Legende IN HOC VINCE 86 und ein liegendes Kleeblatt. Das im Innern der Glocke eingravirte (aus übereinanderstehenden concentrischen Kreisen gebildete) Diagramm mit einer Inschrift, welche CLAMAT SVAS zu lesen sein dürfte (s. die Abb.), lässt die Glocke als eine Hausglocke zum Rufen der Dienerinnen erscheinen. Räthselhaft sind die Zahlen 43 (?) und 86.

2) **Trinkkanne** von Agat mit silbernem Beschlag und Henkel, daran ein Löwenkopf und eine Rose in Relief; 5 e. Z. hoch, von schottischer Arbeit, wie die Marke (eingravirter Einhornskopf) erkennen lässt (Catal. S. 173): Maria's „Caudle-cup" (vgl. Laban. VII S. 247: Coupe de gectz garnye d'or d. i. mit vergoldetem Silber).

3) Ein als **Ciborium** bezeichnetes Gefäss mit Deckel, aus vergoldetem Kupfer, reich emaillirt und eines der schönsten Werke des Champlevé = Grubenemailprocesses, Limousiner- oder Kölnerarbeit des 12. Jahrh. Catal. S. 170 und S. 122 f. (von der Tradition als Cup of Malcolm Canmore, König von Schottland von 1056—1092, bezeichnet). Wahrscheinlich ist es in Servay de Condé's (Maria's Intendanten) Verzeichnis der Gerätschaften der verstorbenen Königin Regentin aus d. J. 1562 erwähnt unter dem Namen: „Ane lawer (= laver) with a cowp and cover of copper ennamaillit."

Das Becken, welches im Durchmesser 6½ e. Z. misst, enthält in kreisrunden Medaillons sechs Scenen aus der Geschichte des alten Testaments, welche von ineinanderlaufenden vergoldeten Ranken oder Laubwerk tragenden Zweigen mit Inschriften umrahmt sind. Der emaillirte Grund der Medaillons ist apfelgrün, der der übrigen Theile blau; auch der Deckel bietet in ähnlichen Medaillons sechs Scenen aus der Geschichte unseres Heilands, welche den Vorbildern aus dem alten Testament (in der unteren Reihe) entsprechen. Es sind folgende:

Am Becken 1) Abraham beschneidet seinen Sohn Isaak; der Patriarch mit Sarah und einem Diener; über den Häuptern die Worte: SARRA · ISAAC · ABRAAM.

+ PRECESSIT · LAVACRVM · SACRA · CIRCVMCISIO · SACRVM.

2) Abraham trägt Schwert und Lampe, Isaak folgt ihm Holz tragend.

+ LIGNA PVER GESTAT CRVCIS VNDE TIPVM MANIFESTAT.

3) Opfer des Isaak, der auf dem Altar kniet; Abraham hält ihn bei den Haaren und erhebt sein Schwert, dessen Klinge von einem Engel zurückgehalten wird. Unten ein Widder, ins Dickicht verwickelt; eine Hand erscheint oben aus den Wolken. ANGELVS · ABRAHAM · ISAAC.

+ TEMPTANS TEMPTATVS ISAAC ARIES QVE PARATVS.

4) Samson tritt aus Gaza heraus; auf jeder Seite einer Burg sind zwei Bewaffnete sichtbar mit langen Panzerhemden, Papierdrachen-förmigen Schilden und Speeren; Samson ist unbewaffnet.

+ SAMSON DE GAZA CONCLVSVS AB HOSTIBVS EXIT.

5) David befreit ein Lamm aus dem Rachen eines Bären; über seinem Haupt der Name DAVIT.

+ VRSVS OVEM LEDIT DAVIT IVVAT HVNC QVOQVE CEDIT.

6) Elias in den Himmel aufgenommen, er steht auf einem viereckigen Wagen mit zwei Pferden; um sein Haupt ein blauer Nimbus; Elisäus nimmt den Mantel des Propheten in Empfang.

+ IGNEVS · HELIAM · CVRRVS LEVAT AD THEORIAM.

Auf dem Deckel 1) Die Taufe unseres Heilands; das Wasser des Jordan steigt wie ein Berg zu seiner Brust empor (die Figuren Christi und des Täufers in lila Email, mit Ausnahme der Gesichter, welche vergoldet sind). Auf der einen Seite ein Engel, oben die Taube.

+ BATIZAT MILES REGEM NOVA GRATIA LEGEM.

2) Unser Heiland kreuztragend; im Vordergrund zwei männliche Personen, die ihn verspotten, dahinter drei weibliche; die Figur Christi in lila Email.

+ SIC ALAPIS CESVS PIA DVCITVR OSTIA IHESVS.

3) Die Kreuzigung; die hl. Jungfrau und St. Johannes neben dem Kreuz. An der Spitze desselben der Name IHESVS

+ IN CRVCE MACTATVR PERIT ANGVIS OVIS REVOCATVR.

4) Die Auferstehung; der Engel sitzt auf dem Grab; im Vordergrund liegen die Krieger zu Boden; auf einer Seite nahen die drei Marien.

+ SVRGIT DE TVMVLO PETRA XPC QVEM PETRA TEXIT.

5) Die Qualen der Hölle; unser Heiland trägt das Kreuz, Adam und Eva und ein Teufel erscheinen vor ihm.

+ MORS HOMINEM STRAVIT D'S HANC LIGAT HVNC RELEVAVIT.

6) Die Himmelfahrt; der obere Theil des Nimbus um das Haupt unseres Heilands ist bereits in einer Wolke verborgen; auf der rechten Seite erscheinen sechs Apostel, auf der linken die Jungfrau Maria und die anderen sechs Apostel.

+ QVO CAPVT ASCENDO MEA MEMBRA VENITE SEQVENDO.

Diese letzteren sechs Medaillons haben einen blauen Grund. Auf dem Deckel ist ein Knopf, in Form eines Apfels, umgeben von vier Blättern in Email von sehr eleganter Zeichnung. Auf der Innenseite des Deckels die Halbfigur unseres Heilands, mit Doppelkreuz, das Gesicht vergoldet. Die Farben des Emails an diesem merkwürdigen Kunstwerk sind: Weiss, blassblau, lapislazuliblau, kupferroth, purpur mit gelben Flecken, apfelgrün, lila für Fleisch Tinten, blaugrün, orangegelb, bernsteingelb und lichtgelb. Der untere Theil eines Ciboriums von ähnlicher Arbeit ist in der Sammlung zu Warwick Castle (Catal. S. 124). Darauf in gleicher Weise sechs Scenen aus der Geschichte des alten Testaments, mit lateinischen Versen, von welchen drei mit den oben gegebenen identisch sind; das Email ist leider fast ganz zerstört. Ein sehr schön emaillirtes Ciborium von ähnlicher Form aus dem 13. Jahrhundert ist in der Sammlung des Louvre. Es trägt den Namen des Künstlers Alpais und stammt aus der Abtei Montmajor.

4) Ueber die emaillirte Tasse Jehan de Court's s. o. S. 11 Catal. Preface p. XIII.

5) Sechs Rechenpfennige (Jetons), darunter fünf von Silber, französischen Geprägs. Catal. S. 180 f. vgl. Preface p. XXXIV.

Nr. 1. *Avers.* Wappen von Frankreich halbirt durch die Wappen Schottlands und Englands (geviertelt), über dem Schild eine französische Krone (Lilien abwechselnd mit Erdbeerblättern).
Leg. MARIA · D · G · FRANCOR · SCOTOR · REG · ETC.

Revers. Zwei Kronen übereinander zwischen (gestirntem) Himmel und Erde, die grössere obere Krone = die von Frankreich, die kleinere untere = die von Schottland (Kreuze und Blätter).
Leg. ALIAMQVE · MORATVR 1560.

Durchmesser 1 5/16 e. Z. Erz (ein Exemplar aus Silber in einer Privatsammlung zu Zürich).

Nr. 2. *Avers.* Wappen von Schottland, der Schild mit Krone.
Leg. MARIA · DEI · G · SCOTOR · REGINA.

Revers. Eine Hand vom Himmel beschneidet den verwelkten Zweig einer Weinrebe.
Leg. VIRESCIT · VVLNERE · VIRTVS.
Durchmesser 1 1/8 e. Z. Silber (s. oben S. 24),
Nr. 3. *Avers.* Wappen von Frankreich halbirt durch das Wappen Schottlands, der Schild mit Krone.
Leg. MARIA · D · G · SCOTOR · REGINA · FRAN · DOI.
Revers wie der vorige.
Durchmesser 1 1/8 e. Z. Silber.
Nr. 4. *Avers.* Wappen von Frankreich und Schottland wie der vorige.
Revers. Eine Weinrebe, an der ein Zweig verwelkt ist, empfängt Wasser von einer Urne oberhalb.
Leg. MEA · SIC · MIHI · PROSVNT.
Ex. 1579. Durchmesser 1 1/8 e. Z. Silber.
Nr. 5. *Avers.* Wappen von Frankreich und Schottland wie der vorige.
Revers. Ein Schiff seine Fahrt fortsetzend, obwohl durch einen Sturm entmastet.
Leg. NVNQVAM · NISI · RECTAM.
Ex. 1579. Durchmesser 1 1/8 e. Z. Silber.
Nr. 6. *Avers.* Wappen von Frankreich und Schottland wie der vorige.
Revers. Eine beflügelte weibliche Gestalt hält Rad und Steuerruder = Fortuna.
Leg. ADRASTIA · ADERIT.
Ex. 1579. Durchmesser 1 1/8 e. Z. Silber.

Das auf dem Avers von Nr. 3, 4, 5, 6 wiederkehrende FRAN · DOI (DOT? oder DOV?) bedeutet FRANCORVM DOTARIA oder DOVAGERIA, d. i. Königinwittwe von Frankreich. Mithin ist auch Nr. 3 jedenfalls erst nach dem Tode Franz II. geprägt. Ein anderer Jeton aus Silber von gleichen Dimensionen enthält auf dem Avers das gekrönte

Wappen von Schottland mit der Legende: DELICIE · DNI · COR · HVMILE; auf dem Revers ein Monogramm: F u. M unter einer Krone zwischen zwei Sternen oder Blumen aus sechs Punkten. Leg. DILIGITE · IVSTICIAM · 1553. Dieses Stück gleicht den Goldmünzen desselben Jahres und wurde in Frankreich wenige Jahre nach der Verlobung Maria's mit dem Dauphin (August 1548) geschlagen. Pinkerton erwähnt noch einen Jeton Maria's, dessen Revers ein hoher Baum in einem Wald mit der Legende SVPEREMINET OMNES ist.

Diese Rechenpfennige in Basrelief von vortrefflicher Zeichnung dienten in Verbindung mit einer Art abacus (Rechenbrett) zur Rechnungsüberschlagung und werden in den Inventaren Maria's öfters erwähnt. So wurden 1572 unter anderen Gegenständen aus einer Cassette, die ihr gehörte, entnommen: Une bource de veloux vert ou il y avoict 94 jettons de troys sort de mettau, wohl dieselbe, welche Labanoff VII S. 246 im Inventar zu Chartley August 1586 aufgeführt wird: Bourses de veloux vert, garnyes de jetons d'argent aux armes de˙ Sa Majesté.

6) Die berühmte Cassette, welche einst jene Liebesbriefe und Liebessonette enthielt, die Maria nach Aussage ihrer Ankläger und Todfeinde an Bothwell sandte, hat sich merkwürdiger Weise ebenfalls bis auf unsere Zeiten — freilich ohne ihren Inhalt — erhalten. Ich begnüge mich, die Nachricht, welche Malcolm Laing in seinem gediegenen Werk: the history of Scotland 1819 vol. II Appendix S. 235 f. davon gibt, in Uebersetzung mitzutheilen.

Bericht von der Cassette.

Für den folgenden genauen und ausführlichen Bericht von der Cassette bin ich Mr. Alexander Young, W. S. verbunden, dem ich die Beschreibung, welche davon in Morton's

(Murray's) Quittung und in dem in Buchanan's Detectio den Briefen vorausgesandten Memorandum gegeben ist (s. über beide m. Tageb. I S. 2 Anm. 2), übermittelte.

„Die silberne Cassette ist sorgfältig im Archiv des Hamilton'schen Palais aufbewahrt und entspricht genau der Beschreibung, welche Sie (Laing) davon gegeben haben, sowohl in der Grösse, als in ihrem gesammten Aeusseren. Ein darin eingeschlossener Pergamentstreifen enthält eine Erzählung der Art und Weise, wie dieselbe zu Händen der Familie Hamilton gelangte, welche ich für sie habe abschreiben lassen (s. u.).

Ich prüfte die Aussenseite sehr eingehend. Beim ersten Anblick war ich geneigt zu glauben, dass sie keine von jenen Zierraten habe, auf welche Sie anspielen und insbesondere, dass die Kronen mit der römischen Letter F daran fehlen. An Stelle derselben fand ich auf einer der Seiten das Wappen des Hauses Hamilton, welches auf einen Raum eingravirt schien, der vorher irgend ein anderes Ornament enthalten hatte. Ueber dem Schloss, welches von kunstvoller Arbeit ist, ist eine Krone mit Lilien in Hautrelief angebracht, aber ohne Buchstaben. Auf dem Boden der Cassette dagegen sind zwei andere kleine Verzierungen, an jedem Ende eine, welche mir bei der ersten Ansicht unsern Silberschmiedmarken zu gleichen schienen; bei näherer Betrachtung aber fand ich, dass jede aus einer Königskrone über einer Lilie, welche den römischen Buchstaben F überragte, bestand."

In der Cassette enthaltene Erzählung der Art und Weise, wie dieselbe in den Besitz der Familie Hamilton gelangte.

„Dieses vergoldete und mit dem eingravirten Wappen I. Gn. Anna, Herzogin von Hamilton, versehene silberne Kästchen war die Cassette, welche Briefe und Andenken durch Botenwechsel zwischen der Königin Marie von Schottland und dem Grafen von Bothwell hin und her transportirte.

Diese kaufte Mylady Marquise von Douglas, Mutter des Herzogs William von Hamilton, von einem Papisten, zu welcher Zeit sie noch der Königin Wappen an sich hatte, und sie setzte ihr eigenes Wappen daran. Und später, als sie ihren gesammten Nachlass ihrem Sohne Lord James hinterlassen hatte, wurde all ihr Silbergeräth an einen Goldschmied verkauft. Da der Herzogin von Hamilton durch Mylady Marquise erzählt worden war, dass die genannte Cassette einstmals der Königin gehörte, so kaufte sie I. Gn. von dem Goldschmied und auf des Herzogs Wunsch entfernte sie das Wappen der Mylady Marquise und liess I. Gn. eigenes Wappen daran anbringen.

(NB.) Diese Cassette hatte zwei Schlüssel, wovon die Königin den einen und Graf v. Bothwell den andern verwahrte. Aber I. Gn. erhielt nur einen derselben und glaubt, dass Mylady Marquise niemals den andern besass."

(Laing). Die in diesem Bericht von der Cassette erwähnte Lady Marquise von Douglas war Lady Mary Gordon, Tochter des Marquis George von Huntly und zweite Gemahlin William's, ersten Marquis von Douglas, welcher zu Beginn d. J. 1660 starb. Ihr ältester Sohn, Graf William von Selkirk heiratete Anna, Herzogin von Hamilton, und wurde im Oktober 1660 zum Herzog von Hamilton ernannt. Die Cassette dürfte von der Marquise von Douglas einige Zeit nach dem Tode ihres Gatten gekauft worden sein, da sie mit ihrem übrigen Silbergeräth in dem Nachlass, den sie ihrem dritten Sohn, Lord James Douglas, vermachte, inbegriffen war. Das Notandum bezüglich der beiden Schlüssel und die (Erzählung von der) Verwendung der Cassette — gleich einer modernen schwarzen Cassette — zum sichereren Transport von Briefen zwischen der Königin und Bothwell ist augenscheinlich der überlieferte Bericht, welchen die Marquise von dem Papisten zugleich mit der Cassette empfing. Der Schlüssel scheint mit der Cassette in Bothwells grünsammtnem Schreibpult zurückgeblieben zu sein, zu welchem Sir James Balfour im Edinburgher Castell offenbar Zutritt hatte. Und dies mochte es Sir James ermöglichen, den verbündeten Lords Kunde von dem Inhalt zu geben. Ueber die Grundlosigkeit dieser letzteren Ansicht Malcolm Laing's s. m. Tageb. I S. 3 II S. 26 f.; zum übrigen vergleiche mein Werk Maria Stuart und ihre Ankläger S. 164 f. Goodall I S. 36 (1754) fand schon bei einem anonymen Autor aus der Zeit Karl II. (ca. 1660) die Nachricht, dass die Cassette im Besitz des Marquis von Douglas sei, und er selbst hörte von anderen, dass sie zu seiner Zeit in Händen der Hamilton's sich befinde.

7) Als im Jahre 1805 bei grosser Dürre der See von Lochleven sehr niedrigen Wasserstand hatte, fand ein Fischerknabe beim Graben im Sande nahe bei Kinrosshouse fünf Schlüssel (verschiedener Grösse) von alter Arbeit mit theilweise erhaltener Kette, angeblich dieselben, welche Willie Douglas am 2. Mai 1568 nach gelungener Befreiung Maria's in den See warf (heute zu Dalmahoyhouse im Besitz des Grafen von Morton) s. Catal. S. 187. Andere Reliquien wurden bei einer theilweisen Trockenlegung des See's im Jahre 1821 entdeckt. Ein Scepter Maria's mit Rohrschaft, elfenbeinernem Griff und Silberbeschlag; ferner ein goldener oder reichvergoldeter Schlüssel mit gothischem reichdekorirtem Handgriff, über und über mit eingravirten Blumen damascirt; daran tief eingeschnitten das Datum 1565 und um den Bogen die Inschrift Marie Reg. (im Besitz des Grafen von Leven auf Melvillehouse in Fifeshire); er ist 4 e. Z. lang. Da die Höhlung für ein gewöhnliches Schloss zu weit ist, scheint es vielmehr ein (auf der Ueberfahrt nach Schloss Lochleven verloren gegangener) Kammerherrnschlüssel (von Maria's Lord-Chamberlain Robert Melvil?) zu sein. Ein anderer alter Schlüssel mit Figuren von Engeln und Vögeln in den Windungen des Handgriffs wurde von einem jungen Mann im

Sommer 1831, als er unter den Ruinen schürfte, ausgegraben.
s. Miss Strickland vol. VI S. 71 Anm. 2. Einen weiteren
eisernen Schlüssel vom gleichen Fundort erwähnt unser
Catalog. S. 190.

8) **Altärchen** (Triptychon) der Maria Stuart in der
reichen Kapelle zu München, in dem von Kurfürst Maximilian I. angelegten Verzeichnisse der Gegenstände des
Familienfideicommisses des bayerischen Hauses [1]) bezeichnet
als „uin klaines ganz guldenes Altärl mit zwei Flügelein
darauf die Mysteria Passionis sambt etlich Heyligen in golt
geschnitten und von Farben geschmelzt, dessen sich die Gottselig enthaubte Königin in Schottland Maria Stuarda in
werend gefenkhnus bedient." Das Altärchen, geschlossen
0,041 m breit und 0,052 m hoch, geöffnet 0,081 m breit und
0,071 m hoch, ist auf beiden Seiten mit figürlichen Darstellungen versehen, welche auf goldnem Grund in vertieften
Reliefs ausgeführt und mit translucidem Email gemalt sind.
Das Altarblatt ist sowohl auf der Innen- als Aussenseite
durch zwei übereinander angebrachte Bogenreihen (von je
vier Säulen) gegliedert, welche das Rechteck in je sechs
Felder zerlegen. Auch die Flügelbilder sind von je einem
Bogen umrahmt. Die Säulen sind golden, der Hintergrund
sämmtlicher Scenen dunkelblau, die Bogenkappen roth, die
Zwickel über den Bogen grün und theilweise mit rothen Rosetten ausgefüllt. Die Darstellungen sind folgende:

Vorderseite

a) Oberes Dreieck: Die heilige Dreifaltigkeit, Gott Vater
hält den gekreuzigten Heiland im Schooss, über diesem
die Taube.

---

1) Wenn das genannte Altärchen in dem von Maximilian I.
eigenhändig unterzeichneten ältesten Inventar der reichen Capelle
aus dem Jahre 1626 nicht erwähnt ist, so folgt daraus nur, dass es
noch nicht in die reiche Capelle aufgenommen war, sondern sich
etwa in den Privatgemächern des Kurfürsten befand.

b) Altarblatt oben links: Die Beschneidung; in der Mitte: Christus am Oelberg; rechts: die Geisselung.
unten links: Aufsetzung der Dornenkrone; in der Mitte: Christus am Kreuz; rechts: die Auferstehung.
c) Altarflügel links: Die Verkündigung; rechts: die hl. drei Könige.

Rückseite

a) Oberes Dreieck: Die Krönung Mariä.
b) Altarblatt oben links: Anna und Maria; in der Mitte: Maria und Elisabeth; rechts: Johannes der Täufer.
unten links: Der hl. Jacobus; in der Mitte: der hl. Canut?; rechts: der hl. Einsiedler Antonius.
c) Altarflügel links: Der hl. Christophorus; rechts: eine Versammlung von Heiligen.

Die Farben des Emails sind äusserst mannigfaltig, die Kleider bunt, die Fleischpartien und Heiligenscheine golden. Die Art und Weise der Zeichnung und die architektonischen Einfassungen lassen als Urheber dieses Kunstwerkes einen Kölner Goldschmied des 14. Jahrhunderts vermuthen.

Auf einer in dem gegenwärtigen Sammtfutteral angebrachten Silberplatte befindet sich die Inschrift: Exilii comes et carceris imago huec Mariae Stuardae Scot. Reginae fuit fuisset et caedis si vixisset. Eine andere Inschrift auf dem Rande des Altärchens lautet: Elizabetha Vaux D. D. R^{mo} Claudio Aquaviva societ. Jesu Gen. Praep^{to}. Ist Elisabeth Vaux identisch mit Elisabeth Curle (ein Lord Vaux wird in einem Brief Mendoza's an Philipp II. vom 13. August 1586 unter den Anhängern Maria's genannt s. Teulet Relations V S. 374 vgl. Laban. III S. 252), so kam dieses Altärchen aus den Händen des genannten Kammerfräuleins der Maria Stuart an den 5. Jesuitengeneral, den Neapolitaner Claudius Aquaviva (gewählt 19. Februar 1581, gest. am 31. Januar 1615 zweiundsiebzig Jahre alt); von diesem der Tradition nach an Leo XI. (gest. 1605 nach nur 25 tägigem Pontifikat), der damit dem mit Maria verwandten bayerischen Kurfürsten Maximilian I. — im Jahre 1595 vermählt mit Elisabeth, Tochter Herzogs Karl II. von Lothringen (1514—1608) und der Claudia, Schwester Franz II., welchen Maria Stuart, eine Enkelin des Claudius von Guise, ehelichte (schon Wilhelm V., Maximilians Vater, hatte eine Lothringerin, Renata, Schwester des genannten Karl II., zur Gemahlin) — ein Geschenk machte. Leider geben die erhaltenen Inventare der Kleinode Maria's über dieses Altärchen keine Auskunft. S. eine vortreffliche farbentreue Abbildung dieses Altärchens (in Originalgrösse) in dem Werk: Ausgewählte Kunstwerke aus dem Schatze der Reichen Capelle in der kgl. Residenz zu München. Mit Genehmigung Sr. Majestät des Königs Ludwig II. von Bayern herausgegeben von F. X. Zettler, Direktor der kgl. Hofglasmalerei, Leonh. Enzler, k. geistl. Rath, Stiftsdekan am k. Hofcollegiatstift St. Cajetan und Custos der Reichen Capelle, Dr. J. Stockbauer, k. Professor in München. Verlag von F. X. Zettler, Direktor der kgl. Hofglasmalerei in München. (40 Tafeln in Chromolithographie nebst 40 Blatt erklärenden Texts, 4 Blatt Einleitung) V. Lieferung Tafel XX (mit 1 Blatt Text). Der Preis dieses hervorragenden Werkes war bei der Ausgabe M. 600, ist jedoch jetzt auf M. 300 herabgesetzt (einzelne Tafeln werden nicht abgegeben). Nach dem Zeugnis der hervorragendsten Autoritäten ist es die kostbarste und gediegenste Publication dieser Art, welche bisher in Deutschland erschien. Zu den meisten Abbildungen waren 20—21 Farbenplatten nothwendig.

Nachtrag zu b) Hausgeräth.

ad 2. Von erhaltenen Trinkgeschirren aus Maria's Besitz werden ferner aufgeführt:

a) Ein (Wasser-)Krug und zwei grosse einhenkelige

Trinkkannen mit Verzierungen aus vergoldetem Silber von vortrefflicher Arbeit; das Aeussere ist mit Perlmutter (in Kleeblattform) bekleidet (Catal. S. 188). Höhe des Kruges 11 e. Z.; der Kannen 8³/₄ e. Z. Durchmesser an der Mündung 3¹/₂ e. Z. Beispiele dieser Art im Hotel Cluny zu Paris (Deutsche Arbeit?). Perlmutterarbeiten — damals hoch geschätzt — werden unter Maria's Kostbarkeiten mehrfach erwähnt, vgl. Laban. VII S. 248, 257, 258 etc.

b) Ein Becher aus Kokusnuss mit silbernem Rand, Fuss und Griff; nach der daran befindlichen Inschrift derselbe, aus welchem Maria am Abend vor ihrem Tode ihren Dienern und Dienerinnen zutrank, s. Miss Strickland vol. VII S. 475 vgl. Laban. VII S. 247: Une coupe de noix d'Inde, garnye d'argent doré; do. Une petite coupe de noix d'Inde garnye d'argent; ein zweiter Becher aus Agat „The Luck of Workington" genannt, zu Workingtonhall aufbewahrt, wo Maria die letzte Nacht (vom 16/17. Mai 1568) in Freiheit zubrachte (s. Miss Strickland vol. VI S. 105 f.) und auch ein altes Porträt gezeigt wird s. o. S. 12 Anm. 4 a. E.

ad 3. Ein anderes vom Catalog S. 179 erwähntes „Ciborium" war ursprünglich wahrscheinlich eine Schlaguhr (Zifferblatt erhalten), welche später, nachdem der Mechanismus zerstört war, als Piedestal für eine kleine Vase (mit Deckel) verwendet wurde, die als Salzgefäss dienen mochte. Der horizontale Durchmesser des cylindrischen Gehäuses aus grünem und rothen Agat misst 2³/₄ e. Z., ebenso die Höhe einschliesslich des emaillirten goldenen Fusses von kunstvoller Arbeit. Auch die Verzierungen sind von trefflicher Zeichnung, emaillirt und wahrscheinlich italienischen Ursprungs (= orologio vgl. Laban. VII S. 248).

Die Vase aus vergoldetem Metall ruht auf drei Füssen von eleganter Zeichnung, aber geringerer Kunst, als der untere Theil. Der Deckel endigt in einen Knopf, der mit Granaten besetzt ist.

Von Uhren sind ferner erhalten:

a) Eine Uhr von achteckiger Form, das (sargähnliche) Gehäuse aus Bergkrystall, dazu ein Schlüssel verziert mit Krone und Scepter über den Initialen M. R. Catal. S. 188 vgl. Miss Strickland III S. 141: eine silberne Schlaguhr mit einem behelmten Todtenkopf und dem Namen des Künstlers Moyse von Blois.

b) Eine Uhr in Goldgehäuse ornamentirt mit Filigranarbeit und dem Namen des Verfertigers Etienne Hubert von Rouen (Catal. S. 189). Eine zweite Uhr wohl desselben Meisters, angeblich ein Geschenk Maria's an John Knox s. Miss Strickland vol. III S. 354 f., wo noch eine dritte Uhr Hubert's, welche Maria nebst einem einzeln gefassten Brillanten = solitaire einer Dame Namens Massie schenkte, beschrieben wird.

c) Eine Uhr mit dem Namen JEAN AVBERT · ROVEN mit kunstvollem goldenem Gehäuse (Catal. S. 190).

Von Werthgegenständen sind noch zu erwähnen: ein kleines gekröntes Herz, roth emaillirt und mit einem kostbaren Stein besetzt, vormals im Besitz des Herzogs von Sussex (Catal. S. 169), vgl. Laban. VII S. 259 u. S. 260: A little hart of amber inclosed in gold; A little hart of silver gilt and enameled; A little hart of gold enameled; ein paar silberner Löffel und ein reichverzierter Griff von Blutstein mit Goldbeschlag und fein emaillirt (italienische Arbeit?), vielleicht der Griff eines Fächers (Catal. S. 173) im Besitz der Familie von Bruce of Kennet; ein grosser Schildkrotkamm im Besitz der Familie Hepburn (Catal. S. 189); über ein von Maria der Gräfin von Lennox gewidmetes Medaillon s. o. S. 14 Anm. 8.

c) Bücher.

Aus der Bibliothek Maria's sind folgende Bücher auf uns gekommen.

a) Die Chronik von Savoyen mit dem Wappen von Schottland und Maria's Initialen auf dem Einband (Catal. S. 189 f.). Der Titel derselben ist: „CRONIQVE DE SAVOYE: Par Maistre Guillaume Paradin, Chanoyne de Beauieu. A Lyon, par Jean de Tovrnes, et Gvil. Gazeav. M. D. LII." Dieser klein Folio hat noch den ursprünglichen braunen Kalbsledereinband, die Blätter mit Goldschnitt und ist vortrefflich erhalten. In der Mitte jeder einzelnen Seite ist in Golddruck ein Schild mit dem Wappen Schottlands (der springende Löwe mit dem doppelten „tressure"), darüber eine Königskrone; dies, wie die oft wiederkehrende Initiale M unter einer Krone bezeugen die Zugehörigkeit des Buches an Maria. Doch erscheint „The Cronicles of Savoy" auch in einem amtlichen Verzeichnis der „Bücher, Schmucksachen und Kostüme" Maria's, welche am 15. Nov. 1569 dem Regent Murray übergeben wurden, wie auch in einem am 26. März 1578 im Castell zu Edinburgh aufgenommenen Inventar der Juwelen und anderer Artikel, welche „unserem souveränen Herrn (König Jakob VI.) und S. H. theuerster Mutter" gehörten.

b) Maria's livre d'Heures, ein herrliches Manuscript des 15. Jahrh. in gothischer Schrift, mit reichen Initialen und Verzierungen in Gold und Farbe. 229 Pergamentblätter, lateinische und französische Gebete enthaltend, mit vortrefflichen Miniaturen. Jede Seite ist mit Arabesken in Farbe und dickem Gold umrahmt und an vielen Stellen findet sich an den Rändern die Namensunterschrift Maria's und Verse, welche sie — zum Theil während ihrer langen Gefangenschaft — dichtete. Die Einträge von ihrer Hand (der älteste lautet: Ce livre est à moi. Marie, Royne, 1554) lassen keinen Zweifel, dass dieses Buch ihr schon in ihrer frühesten Jugendzeit, als der Verlobten des Dauphins von Frankreich, angehörte und sie bis in die letzten Jahre ihrer Haft in England begleitete (s. dieselben bei Laban. VII S. 346 f.). In der That wird es noch in den Inventaren zu Chartley Aug. 1586 (Laban. VII S. 245: „Heures en parchemin, escripts à la main, couverts de velloux aux coings, plattines au mylieu et fermoirs d'or garnis de pierreries" — diese reiche Garnitur ist leider dem Raube zum Opfer gefallen) und Fotheringay 20. Febr. 1587 (Laban. VII S. 257: In the custody of Hanniball, A mattins book with claspes of gold sett with diamondes and covered with black velvet) erwähnt. Heute ist dasselbe in der kaiserlichen Bibliothek zu St. Petersburg, wohin es durch den russischen Attaché zu Paris, Dubrowsky, während der ersten Revolutionsjahre angekauft, gelangte, s. Laban. VII S. 245 Anm.

c) Ein Missale Maria's, Geschenk ihrer Schwiegermutter Katharina von Medici, mit deren Autograph, beschreibt Miss Strickland III S. 95 f. Laban. VII S. 249 werden aus Maria's Bibliothek noch angeführt:

Mappes: une générale de l'univers; quatre des quatre partyes du monde.

Globes terrestres et céleste (vgl. ibid. S. 271).

S. 272 a greate number of bookes (vgl. Miss Strickland VII S. 102).

Für ihre Beschäftigung mit Musik zeugen:

ibid. S. 271 Two lutes, and two lute bookes, covered with velvet.

ibid. 272 Two payre of virginalles (vgl. Miss Strickland IV S. 65 f.). A citheren.

Eine Harfe Maria's wird noch heute aufbewahrt s. Miss Strickland IV S. 54. (Vgl. unter den Stickereien Maria's: Les sept planettes, au petit poinct, rehaulsées d'or et d'argent; Sept figures en broderie, représentans certaines dames jouantes de divers instruments de musique Laban. VII S. 240 u. 241.)

d) Handarbeiten Maria's.

1) Eine Stickerei in Seide, mit Gold- und Silberfäden, von Maria nach der Tradition des Hauses Howard im achten Lebensjahre gefertigt und von deren Mutter Maria von Guise auf der Rückkehr vom Besuche ihrer Tochter in Blois (auf dem Wege von Portsmouth nach Hamptoncourt) bei ihrem Aufenthalt zu Stansted im Hause des Grafen von Arundel am 29. Oktober 1551 als Geschenk hinterlassen (s. Miss Strickland II S. 153 und Catal. S. 183 f.); heute in Greystoke-Castle, wo auch ein gutes Porträt Maria's — s. o. S. 12 Anm. 4 — aufbewahrt wird.

Die Stickerei stellt die Kreuzigung Christi vor; das Blut fliesst in Strömen aus Händen, Füssen und Seite des Heilands; der Körper Christi scheint, wie der der beiden Schächer, bereits leblos. Hinter dem Kreuz (in der Mitte) sieht man Speer, Schwamm, den ungenähten Rock, Geissel, Hammer, Zange und den Essigkrug; auf der einen Seite eine Felsenpartie mit einer gewölbten Grotte (dem Begräbnisplatz). Der Hauptgegenstand ist von einem gestickten 1¹/₂ e. Z. weiten Rahmen oder Saum umgeben, der sich aus acht Medaillons zusammensetzt, welche die Leidenswerkzeuge enthalten: Laterne, Schwert, Hammer, Zange, Säule und Geisseln, Dornenkrone und Nägel, Kreuz, Grab, Speer, Rohr und Schwamm, den Hahn, die Hand, welche unseren Heiland schlug, Lanze, Schüssel, Krug und Tuch. In den Zwischenräumen sind Ornamente, welche Blumen oder Goldschmidsarbeit vorstellen, in Hautrelief in Goldfaden oder Bouillon gewirkt. Die genannten Embleme und Ornamente sind von zwei schmalen Bändern eingefasst, welche entsprechende Inschriften zu den obenerwähnten Leidenswerkzeugen tragen. Die äussere Inschrift lautet, oben rechts beginnend:

IN · HORTO · TRISTIS · PATRI · SVPPLEX · SAN-
GVINEM · SVDANS · A · IVDA · PRODITVS · A · TVRBA

CAPTVS · A DISIPVLIS (!) RELICTVS · AD PONT · DVC-
TVS · FALSO ACCVSATVS · OCVLIS VELATVS · ALAPIS
COESVS · A PETRO NEGATVS · AD PILATVM DVCTVS ·
AB HERODE SPRETVS · VESTIBVS EXVTVS · FLAGEL-
LATVS · SPINIS CORONATVS · ARVNDINE PERCVSSVS ·
CONSPVTVS.

Inneres Band:
DAMNATVS · CRVCEM FERENS · CRVCI AFFIXVS ·
SITINES (!) ACETO POTATVS · ILLVSVS · PRO · HOSTI-
BVS ORANS · MORTVVS · LANCEA FOSSVS · DEPOSITVS ·
SEPVLTVS · RESVRGENS · ASCENDENS · VINDEX MA-
LORVM · GLORIA BONORVM.

Diese merkwürdige Stickerei misst 12¹/₄ e. Z. Höhe,
10¹/₂ e. Z. Weite und ist heute von einem Holzrahmen in
alter Schnitzerei (schwarz mit vergoldeten Ornamenten) umgeben.

Eine andere Stickerei, welche Maria zwischen 1575 und
1580 Anna Dacre, Gemahlin des Grafen Philipp v. Arundel,
übersandte, „a piece of work in silk and silver, made and
contriv'd by herself", mit Devisen und lateinischen Motto's,
welche auf deren trauriges Schicksal Bezug hatten, wird in
dem von Herzog von Norfolk edirten Originalmanuscript des
Lebens der genannten beschrieben; vgl. den Brief Maria's
an die Gräfin v. Arundel, Tutbury 30. Juli 1585, gedr. bei
Laban. VI S. 190 f.

2) Ein Teppich, von Maria und deren Frauen während
ihrer Gefangenschaft im Schloss zu Lochleven gefertigt und
bei der Flucht unvollendet hinterlassen, heute (wie das S. 12 f.
erwähnte herrliche Porträt Maria's) im Besitz des Grafen
von Morton zu Dalmahoyhouse bei Edinburgh (Catal. S. 186 f.).
Er ist mit färbiger Wolle in schönem Zwilchstich auf Canevas
genäht und ungefähr 12 yards lang. Die einzelnen Breiten
sind übereinander an einem zusammenlegbaren Gestell, eine

— 44 —

Art spanische Wand bildend, befestigt. Die Zeichnung, von grosser Vollkommenheit, stellt Herren und Damen (über die Tracht der letzteren vgl. ein Spottgedicht von Sir Richard Maitland, gedr. bei Miss Strickland II S. 107 f.) im Kostüm jener Zeit, reich mit Ringen, Juwelen und Ketten geschmückt, dar. (Die Juwelen sind in glänzendem Flachsfaden in Atlasstich ausgeführt, die Perlen durch weisse Punkte angedeutet.) Der landschaftliche Hintergrund ist mit Burgen, Gärten, Lauben etc. ausgefüllt und von allerhand Thieren (Hunden, Vögeln, Schmetterlingen, Reptilien etc. freilich ohne Einhaltung der Proportionen) belebt (s. eine ausführliche Beschreibung bei Miss Strickland vol. VI S. 32 f.). Der Gegenstand der (theils historischen, theils allegorischen) Darstellung scheint Maria's Verhältnis zu Darnley und der traurige Ausgang dieser Ehe zu sein.

1. Feld links: Eine Dame in königlicher Tracht begleitet auf dem Virginal einen zur Guitarre singenden Edelmann (mit Federbusch und Hund). Hierin sind Maria und Darnley nicht zu verkennen;

rechts: Darnley Maria seine Liebe betheuernd, der kleine nackte Knabe neben dem Reh (?) wohl James, die Frucht dieser Ehe; die bösblickende Königin ohne Zweifel Elisabeth.

2. Feld: Darnley hält links die schwangere Maria zurück, während rechts eine grausame That an einem Dritten (Riccio?) mit Wissen der dabeistehenden Elisabeth verübt wird (Absägen des mit Sporen versehenen Fusses, wohl nur symbolisch für die Ermordung überhaupt gesetzt).

3. Feld: links Elisabeth, deren Hochmuth durch den Truthahn angedeutet ist, freudig in ihrem Palast zu London (hinten der Tower) erregt durch den Anblick der vollzogenen Ermordung Darnley's (rechts), Maria entsetzt, im Hintergrund die durch die Explosion mitverunglückten Pagen, in den Wolken der Todesgenius Pfeile sendend.

Belege für die fleissige Ausführung von Handarbeiten

durch Maria und deren Frauen sind in ihren Briefen, worin sie Rollen Seide von verschiedenen Nüancen der Farbe, Nadeln und Stoffe für erhabene Arbeiten verlangt, zu finden (s. Miss Strickland a. a. O. S. 36 etc.). Im Testamentsentwurf zu Sheffield, in den Inventaren zu Chartley und Fotheringay werden erwähnt: ma tapisserie d'Énéas, ma tapisserie de Méléager (s. Laban. IV S. 360); Six pièces de tapisserie de l'Histoire de la journée de Ravenne (Six autres pièces de l'Histoire de Méléager). Deux pièces des forces d'Hercules etc. (s. Laban. VII S. 236 vgl. ibid. S. 273); L'Histoire d'Hester et Aman en quarré (ibid. S. 240 unter zahlreichen andern), Furniture for a bedd wrought with needle woorke of silke, silver and golde, with divers devices and armes, not throughlye finished (ibid. S. 254); Furniture for a bedd of black velvet, garnished with blewe lace, not yet finished; Furniture for a bedd, of netwoork and holland intermixed, not half finished (ibid. S. 270) etc. etc. vgl. Laban. a. a. O. S. 244 Divers tabourets de velloux pour ouvraiges pour Sa Majesté. ibid. S. 272: Sowing silk und rawe silk of all coulours u. s. f.; ibid. S. 251, 252 und 264 wird ein (Franzose) Charles Plouvart, embroderer, unter den Dienern Maria's genannt.

Noch ist ein ähnlicher zusammenlegbarer Schirm von merkwürdiger Nadelarbeit, Scenen aus der Geschichte Rehabeam's und Jeroboam's I Kön. XI, 13 und 14 darstellend erhalten, wohl dieselbe Handarbeit, welche in dem bereits oben genannten (im Edinburgher Castell i. J. 1578 aufgenommenen) Inventar von Juwelen etc., die James VI. und seiner theuersten Mutter gehörten, unter den Tapeten aufgeführt wird: Fyve pece of the Historie of King Roboam (Catal. S. 187); ferner zwei Stickereien Maria's (in färbiger Wolle) zu Hardwick, in Zwilchstich, von ungefähr 1½ yards Länge, ¾ yard Höhe, deren Gegenstand das Opfer Isaaks und das Urtheil Salomons ist, noch völlig unbeschädigt und farbenfrisch, während ein Bett in Kreuzstich (ebenda) durch die Zerstörungswuth der Besucher arg zerstückelt wurde (s. Miss Strickland VII S. 272 und 273); eine Bettdecke mit dem gekrönten Monogramm Maria's (in Seide) in der Mitte und an den vier Ecken, reich mit Blumenmustern (in Seide) gestickt; ein in färbiger Seide gestickter (leinener) Muff, ein einstmals reich mit Silberfäden und Perlen gesticktes Nadelkissen, ein goldgestickter Fausthandschuh (Catal. S. 187 und 188) etc.

e) Ringe.

1) Siegelring Maria's im britischen Museum (einst im Besitz der Gemahlin Georg III.) Catal. S. 173 f., von massivem Gold, 212 gran wiegend; der Reif war ursprünglich mit Blumen und Laubwerk in grünem Email geziert, aber nur wenige Spuren des Emails sind geblieben, da er anscheinend viel getragen wurde. Der Stempel enthält das königliche Wappen von Schottland, eingravirt auf ein Stück (Berg-) Krystall oder weissen Saphir von ovaler Form $^3/_4 - ^5/_8$ c. Z. messend (der Abdruck in vergrössertem Massstab). Auf einem Helm mit Krone und Helmdecke sitzt ein gekrönter Löwe, in der rechten Pratze ein entblösstes Schwert, in der linken den Scepter haltend. Um ihn her die Worte IN DEFENS und etwas tiefer die Initialen M. R. Der Schild ist von dem Collier des Distelordens mit dem Ordenszeichen (der hl. Apostel Andreas

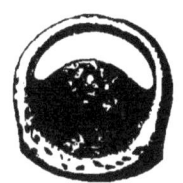

hinter dem Andreaskreuz) = dem von Jakob V., dem Vater Maria Stuarts, 1540 gestifteten oder erneuerten Andreasorden, umgeben und von zwei Einhörnern gehalten, welche Ketten und herzoglichen Schmuck um den Nacken tragen. Rechts ragt ein Banner mit dem schottischen Wappen hervor, links ein anderes mit drei Balken, welche von einem schrägen Kreuz durchschnitten sind.

Die heraldischen Farben sind auf der Rückseite des eingravirten Steines in Email oder Farbe angebracht, das Feld ist dunkelblau (diese Art von Krystallbemalung findet sich auch an italienischen Kunstgegenständen jener Zeit).

Auf der Innenseite des Reifes ist ein Monogramm (das (ursprünglich emaillirt war), umgeben von einem (weissemaillirten) Band (ehemals mit schwarzer Inschrift?), darüber eine Krone. Das Monogramm ist aus den griechischen Buchstaben *M* (roth) und *Φ* (blau) = Maria und François (wie auf der obenerwähnten Handglocke (vgl. die Unterschrift Maria's a. E.) gebildet. Der Ring ist zweifellos für eine Frauenhand und zwar in Frankreich und vor Maria's Heirat mit Franz II. gemacht, da nur das schottische Wappen darauf erscheint.

2) Siegelring Maria's = Darnleyring, von Gold, gefunden bei Fotheringay Castle (Catal. S. 177 f.). Der Stempel enthält die combinirten Initialen H und M, mit je einem Liebesknoten ober- und unterhalb des Monogramms (im Abdruck — s. denselben in meinem Tagebuch II S. 60 — geht natürlich H, welches mit einem T ähnlichen Hacken versehen ist, M voran, wie auf der Hochzeitsmedaille s. o. S. 20; vgl. dagegen Laban. I S. 280 u. S. 285.

Auf der Innenseite des Reifes ist ein kleines Wappen (ein springender Löwe in Relief, ursprünglich von Email umgeben?) unter einer Königskrone; darunter die Jahrzahl 1565; zu beiden Seiten die Inschrift HENRI. L. DARNLEY.

Da die Fleurons um den Schild fehlen, haben wir hier nicht das königliche Wappen, sondern wahrscheinlich das des Herzogs von Albany vor uns, welchen Titel Henry Lord Darnley am 23. Juli 1565 erhielt. An diesem Tag oder bald darauf wird Darnley Maria den Ring geschenkt haben, denn schon am 28. Juli d. J. liess Maria Darnley zum König ausrufen.

Sie trug ihn, wie der Fundort erweist, bis an ihr Lebensende. Aus dem Besitz des Colonel Grant ging er in die Sammlung des Mr. Edmund Waterton F. S. A. zu Walton Hall in Yorkshire über.

Ein anderer Goldring von sehr schöner Arbeit, dessen Reif schwarz emaillirt ist und der angeblich als Trauerring von Maria getragen ward, ist im Besitz der Familie Hepburn (Catal. S. 189). Er ist mit sechs Opalen besetzt, welche einen grösseren Opal in Form einer sechsblätterigen Blume umgeben (ein Motiv, welches auch auf einem jeton Maria's wiederkehrt s. o. S. 31).

Ein Ring mit dem Miniaturporträt Maria's als Dauphine (Catal. S. 188). Ein anderer goldener Ring, der bei Fotheringay gefunden sein soll, ist mit einem facettirten Diamanten und (darüber) drei kleineren Diamanten besetzt, welche zusammen ein gekröntes Herz vorstellen (Catal. S. 191).

3) **Siegelring Maria's** im Nachlass des jüngst verstorbenen Herzogs Wilhelm von Braunschweig.

Ich begnüge mich, die Beschreibung, welche mir Herr Senator Culemann davon übersandt hat, wörtlich mitzutheilen. Das „Petschaft der Maria Stuart" ist ein Saphir, in welchem auf erhobenem Schildchen die vereinigten Wappen dieser Königin eingeschnitten sind, nämlich der Löwe von Schottland, die Harfe von Irland, die drei Leoparden von England und die drei Lilien von Frankreich. Auf dem Spiegel des Steines ist über dem Schilde die Königskrone, rechts und links von demselben sind die Buchstaben M. R. eingeschnitten. Der Stein ist jetzt als Siegelring gefasst.

Dieser Stein, ursprünglich in einem goldenen Griff als Petschaft gefasst, ist von der Herzogin Auguste, geb. 1737, gestorben 1813, geborene Prinzessin von Grossbritannien und Gemahlin des Herzogs Karl Wilhelm Ferdinand von Braunschweig, dem herzogl. Museum geschenkt worden. In diesem Zustande wurde derselbe im September 1827 aus dem Museum von Herzog Karl II. (dem „Diamantenherzog") entnommen, welcher den Stein ausbrechen und als Siegelring, um ihn persönlich tragen zu können, fassen liess. So gefasst fand sich der Stein im Nachlasse des Herzogs in Genf vor, und so liegt er, nachdem er am 27. März 1874 wieder an das herzogliche Museum ausgeliefert worden ist, auch gegenwärtig vor. Die Fassung scheint Pariserarbeit, vermuthlich aus den Jahren 1828 oder 1829 zu sein. S. die beiliegende Abbildung (nach einem Abdruck in Siegellack) in Originalgrösse = 14 mm (die Arbeit ist jedenfalls mit der Loupe gemacht, ein Beweis für das höhere Alter der Erfindung der Mikroskope); vgl. den Saphirring, welchen Maria am Finger trug und den sie kurz vor ihrem Tode dem Lord Claude Hamilton mit ihrem letzten Lebewohl übermachte (ein grosser viereckiger Saphir von hoher Schönheit, rosettenartig geschnitten, mit Diamanten besetzt und in Gold gefasst, welches blau emaillirt ist, Arbeit des cinque cento s. Miss Strickland VII S. 474 f.), noch heute im Besitz der Hamiltons (vgl. Laban. VII S. 255: A ringe of gold with a fayre tabled saphir). Zahlreiche Ringe werden in Maria's Nachlass erwähnt s. Laban. VII S. 243, 255, 256, 257 etc. Einen Diamant(-ring) im Werth von 200 écus, welchen ihr der Herzog von Norfolk als Verlobungsring gesandt hatte und den sie fast beständig trug, überbrachten nach ihrem Tode, wie sie es am Abend vor ihrer Hinrichtung befohlen hatte, Elisabeth Curle und der Apotheker Gorion nebst einem (in einer Arzneiflasche verborgenen) Brief vom 23. Nov. 1586 an Mendoza, desgleichen einen anderen Diamantring von 850 écus Werth, das kostbarste Juwel, das sie hatte und das für Philipp II. zur Erinnerung bestimmt war, s. Teulet, Relations V S. 498, 499, 502, 503 Laban. VI S. 460 (vgl. IV S. 360: A Nau mon grand diamant). Vgl. ferner das von Hosack I[1] zu S. 148 gedruckte Facsimilie des Verzeichnisses von (am Finger zu tragenden) Ringen, welche Maria in dem kurz vor ihrer Entbindung (19. Juni 1566) angelegten Inventar ihres Geschmeides für ihren und ihres Kindes Todesfall an die Krone, an Darnley (Une Autre bague de diamant esmaille de rouge, daneben von Maria's Hand rechts am Rande die Worte: au roy qui la ma donnee, links am Rand: cest celui de quoy ie fus espousee), an Graf und Gräfin von Lennox, Moray, Mar, Bothwell, die vier Marien, Argyle, Huntly etc. vermachte. Laut Cassettenbrief III übersandte Darnley an Maria einen Ring mit einem harten, schwarzpunktirtem Stein und schwarzen Email, welcher Haare Darnley's einschloss.

Wie sich endlich die aus Eichenholz geschnitzte Wiege Maria's, welche einst im Palast zu Linlithgow, wo sie am 8. Dez. 1542 geboren ward, stand, erhalten hat (Catal. S. 190), wie noch jetzt jedem Besucher von Holyroodpalace ihre Gemächer gezeigt werden, in welchen jene schändliche Mordthat an David Riccio am 9. März 1566 verübt wurde (die Scene abgeb. bei Chalmers I zu S. 258) — während die Heiligkreuzkapelle daselbst, in der Maria mit Darnley getraut wurde, gleich dem Castell zu Lochleven, wo sie zuerst gefangen sass, und dem Schloss von Fotheringay, in welchem sie hingerichtet ward,[1]) fast gänzlich zerstört ist — so weist noch heute ein Damasttuch mit den Initialen

---

[1]) Indem ich den Leser auf die genaue Beschreibung der näheren Umstände der Hinrichtung (Mittwoch 8/18. Febr. 1587 Vormittags 11 Uhr), wie sie bei Teulet, Relations IV S. 154 f. von einem Augenzeugen gegeben ist, aufmerksam mache, beschränke ich mich darauf, das, was der Bericht über ihren letzten Anzug sagt, hier mitzutheilen.

a. a. O. S. 159 Son atour estoit tel: une robbe à manches pendantes de satin noir à figures ou goffré; un voile de linomple, fort beau et blanc, estendu sur sa teste; un couvrechef fait de linomple en manière de coiffe, et par là-dessous une perruque de cheveux fort bien scéante.

Par dessous sa robe avoit un pourpoint de satin noir coupé et noué de soye de coulleur et un plisson de velours noir, duquel la queue estoit de mesme couleur. (Maria wurde bis auf den Unterrock entkleidet) Son cotillon estoit de velours rouge et le corps estoit de satin rouge (dann brachte ihr eine ihrer Damen) une paire de manches de satin rouge (die sie an die Arme legte) et ainsy fut exécutée tout en rouge ibid S. 160. (Der Block, vor dem ein schwarzes Kissen lag, war mit schwarzem Fries behangen.)

ibid. S. 161 Ses bas dechausses estoient de soye de couleur ouvragés de fil d'or.

Les jarretières estoient deux belles escharpes sans ouvrage; les souliers de maroquin découpés.

Maria hatte zwei Kreuze an sich genommen, das eine (von Gold) hing an ihrem Halse (dies nahm der Henker), das andere (von

M. S. unter einer kleinen Krone und mit der Nummer 24 die (sorgfältig ausgeschnittenen und umsäumten) Flecken auf, welche es erhielt, als es von einer treuen Dienerin Maria's in ihr Blut getaucht wurde (Catal. S. 190), wohl dasselbe Tuch, mit welchem sich Maria von Jane Kennedy — siehe Mendoza's Depesche an Philipp II. vom 22. Dez. 1587 bei Teulet, Relations V S. 512 — die Augen verbinden liess).

Nachdem Maria's Leichnam sorgfältig einbalsamirt und in einen bleiernen Sarg gebettet war (so dass er noch heute wohlerhalten sein dürfte), versammelte Paulet ihre sämmtlichen Diener und Dienerinnen und nahm ein schriftliches Inventar aller vorhandenen Juwelen, Silbergeräthe etc. Maria's auf, welche ihnen die Schottenkönigin am Abende vor ihrem Tode eigenhändig übergeben hatte (s. Paulet's Brief an Walsingham vom 25. Febr. 1587 bei Chalmers II S. 199 A. r) gedr. nach dem Original im State Paper Office zu London bei Laban. VII S. 254 f. Damit der Leser einen Einblick in dieselben gewinne, lassen wir hier jenen Theil, der sich auf die Werthgegenstände bezieht, nebst einer Liste ihrer Dienerschaft (gedr. bei Laban. VII S. 250 f.) folgen.

Inventar der Werthgegenstände Maria's zur Zeit ihres Todes.

Fotheringhay 20. february 1586—87.
An inventarye of the jewells plate money and other goods found in the custody of the several servantes of the late Quene of Scottes: as followethe.

weissem Elfenbein) hielt sie bis zum Moment des Todes in der Hand; an ihrem Gürtel hingen auf jeder Seite Paternoster herab, etwa ein Dutzend (diese wurden verbrannt, wie auch alles was mit Blut bespritzt war) ibid. S. 158.

Als sie von ihrer Dienerschaft bereits Abschied genommen hatte, begleitete sie noch ihr Hündchen, das mit Gewalt von ihr getrennt werden musste ibid. S. 163.

(S. die Abbildung in meinem Tageb. I vor dem Titelblatt (in Lichtdruck).

In the custody of Androwe Melvin, gent.

Furniture for a bedd wrought with needle woorke of silke, silver and golde, with divers devices and armes, not throughlye finished (vgl. Laban. VII S. 239) A peece of an unicornes horne, with a little pendant of gold. A clothe of Estate garnished with armes. Certen pictures of the said late Quenes auncestors (vgl. ibid. S. 248). } To be delivered by him to the Kinge of Scottes.

Jewells.
In the custody of

Melvin } A little tablet of gold enameled, containinge the picture of the Kinge of Scottes (vgl. ibid. S. 243).

The Phisician {
The pictures of the French Kinge and Quene set in a fayre booke of gold enameled blewe, with a chayne of gold to the same also enameled and garnished with stones (vgl. ibid S. 244).
A payre of bracelettes of gold, sett with agattes, contayninge the historye of the Passion of Christ (vgl. ibid. S. 243).
Three little cupps of bebene woodd, tipt with gold, with their severall cases.
A little bottell of gold contayninge a stone medicinable for the collicke.
Another little bottell of silver contayninge a stone medicinable against poyson.
A ringe of gold with a fayre tabled saphir.
A lesser ringe of gold enameled.

In the custody of

The Apothecarye {
A ringe of gold with a fayre tabled diamond.
A great Agnus Dei, with a glasse of christall sett in hebene woodd (vgl. ibid. S. 243).

The said apothecarye hath in his custodye a ringe of gold with a counterfet agatt geven by the sayd Q. to her pasteler.

The Surgeon {
A ringe of gold enameled.
A jeamowe ringe.
A browche with a counterfet agatt.

The Surgeon	A little looking glasse of christall. Two small silver boxes with balance, black and white. A little gunn with wheeles, seeminge to be of gold.
The Priest	A little crosse of golde, playne. A little ringe of gold.
Dedier	A crosse of gold playne. A signet of gold. A little bird of gold, enameled greene.
Lawder	A ringe of gold with a counterfet agatt. A ringe of gold enameled white. A little scutchen of gold with a crown and a red lyon.
The Mr. Cooke	A ringe of gold with a counterfet agatt. A small ringe of gold enameled.

In the custody of

Hanniball	A little gunn with wheeles, seeminge to be of gold. A little bowe and arrowe of gold. A little ringe of gold enameled black and white. A mattins book with claspes of gold sett with diamondes and covered with black velvet (vgl. ibid. S. 245 s. o. S. 40 f.).
Elizabeth Curle	A jewell made in the forme of a scorpion garnished with rubies and other small stones. A tablet of gold with a cupide. sett about with small rubies, thre diamondes and a greate pearle in the end. A chayne of corall and muske; the sayd muske being inclosed in gold and invironned in the middest with pearle. A chayne of small pearle. A chayne of amber intermixed, with small pearle and other little grayns. A booke of gold enamelled, contayninge the pictures of the late Scottishe Q., her husband, and her sonne (vgl. ibid. S. 244). A ringe of gold with a rubye. A ringe of gold with a diamond.

Elizabeth Curle
- A ringe made of the mother of pearle, with a blewe saphir.
- A speare of gold enameled.
- A little tree of gold, with a Q. sitting in the top and a boy pulling down the branches (vgl. ibid. S. 245).
- A little looking glasse, covered with silver.
- Twelve billiars with the bowle of ivorye.

The sayd Elizabeth Curle hath also in her custodye these parcelles following:

Elizabeth Curle

To be delivered by her to Curle's wife.
- A device of Esope in gold.
- Two little ringes, the one of them with a diamond.

For Curle's yong childe.
- A little Beare, enameled white (vgl. ibid. S. 245).
- To small ringes of gold, the one of them with fyve little opales.
- A little chayne of corall and mother of pearle.

Jane Kenethye
- [1]) A jewell of gold made in the forme of a rocke, all sett with diamondes and rubies (vgl. ibid. S. 243).
- A looking glasse of gold cutt and sett about with little diamondes (vgl. ibid. S. 244).
- A looking glasse of gold, enameled red, contuininge the picture of Francis the French King with a pendant of gold (vgl. ibid. S. 244).
- A payre of Beades of gold and agattes, with a crosse of gold at the end (vgl. ibid. S. 242).
- A Martren, the head and feete being of gold, and the neck set with diamondes and rubies (ibid.)
- A Hermine, with feete and head of gold, the neche and eyes sett with rubies and diamondes (ibid.).
- Certen chaynes of jeate.

---

1) This jewell is said to have bene sent from her Majestie to the sayd late Quene 11 yeares past, by Mr. Beale.

— 57 —

Renee Rallay alias Beauregard
- A ringe of gold, with a fayre tabled diamond.
- A chayne of pearle and amber.
- A jewell of christall compassed with gold.
- A little gold bodekin to stick in a woman's heare with a white saphir at the end.

Gillis Mowbray
- A payre of gold bracelettes.
- A jewell of christall, sett in gold.
- A little oxe of gold, enameled red (vgl. ibid. S. 245).

Mary Pagez
- A little hart of amber, inclosed in gold.
- A little crown of thornes in gold enameled with a white saphir at the end.
- A little horse of gold, with a man upon yt.
- A little hart of silver gilt and enameled.

The sayd Marye Pagez hath in her custodye for her father Bastian Pagez:

A jewell of gold sett with 4 pearles and 3 other stones, with a blew saphir in the middest.
A little bird of gold, enamelled greene.
} To be delivered to Bastian.

Item, for her Mother.

A payre of parfumed bracellettes intermixed with silver.
A jenmowe ringe with 6 linkes.
} To be delivered to Bastian's wyfe.

Susan Kerkadye
- A little hart of gold enameled.
- A small tablet of silver gilt.
- Another little tablet of silver, enameled.
- A little ringe of gold.

Plate.

Dedier
- A cupp, with a cover, of silver gilt (vgl. ibid. S. 249).
- Two cupps of assay, of silver gilt (ibid.).
- An Ewer of silver gilt.
- Two flagons of silver, tyed togethers (vgl. ibid. S. 247).
- A little flagon gilt.
- A stone pot garnished with silver gilt (vgl. ibid. S. 249).

— 58 —

Lawder	The sayd late Q. owne trenchar, of silver gilt. Two silver spoones. A bottell of silver gilt. A silver salt, gilt. A little silver salt, playne.
The Apothecary	A silver goblett.
The Mr. Cooke	A silver chafing dishe. A porage disshe, with a cover of silver. A little grediron of silver.
Symon	A little silver candlestick, which served to hange a the sayd Q. beddes head.

Memorandum: that the Priest claymeth as of the sayd late Q. gifte:

A silver chalice with a cover.
Two silver cruettes.
Fower images, the one of our ladye in red corall; with divers other vestementes and necessaryes belonginge to a Massinge Priest.

In the custodye of

Elizabeth Curle	A possenet of silver. A little silver pot with a cover. Three little silver boxes gilt. Two little flagons of silver gilt (vgl. ibid. S. 217). A little castinge bottell of sweete water, gilt. Two standing boles of Mazure garnished with silver and gilt. Syxe little tunnes of silver. A little silver salt, gilt in the edges. A little silver cup, with a cup of assay, gilt. A candlestick of silver gilt. A little silver bell (vgl. ibid. S. 247). Two standishes of silver, the one playn, the other gilt in the edges.
Jane Kenethye	Two silver basins, the one great, the other small. An ewer of silver. A little silver spoone gilt.

Jane Kenethye { A little pan of silver.
A little coquemar of silver.
A little pocket box of silver.

Mary Pagez { A warming pan of silver (vgl. ibid. S. 242).
A little pocket box of silver.

Susan Kerkadye { A silver pott.

Nun folgt
Laban. VII S. 263—266 Money (wobei auch die Armen nicht vergessen sind).
- S. 266—269 Apparrell.
- S. 270 Lynnen.
- S. 270 f. Furniture for Beddinge.
- S. 271 f. Other goods and necessaryes.
- S. 273 f. The copie of a bill exhibited by Mr. Melvin and the Phisician signed by the sayd late Queen and contayninge, as followeth: nun folgen die Gegenstände, welche von den beiden Genannten verkauft werden sollen, um mit dem Erlös die Kosten der Heimreise der Dienerschaft zu bestreiten.

Liste der Dienerschaft Maria's zur Zeit ihres Todes.

The names of the Scottishe Queenes famylye remayninge at Chartley, the 29th of August 1586, and in what roomes they serve.

Men servantes.

Frenche. Mr. Burgoigne, phisicien.
" Gervais, chirurgian.
" Nic. de La Marre, apothecarye.
" Bastian Pagez } Groomes of her chamber.
" Hannibal
" Symon, page of her chamber.
" Baltazar, olde and impotent } Taylors of her wardrobe.
Englishe. Robert Mooreton
Frenche. Charles Plouvart, embroderer.

Frenche.	Dedier (Laurens, fourrier) an old man	}	Panterers.
Scottishe.	John Lawder		
Frenche.	Martyn	} Mr. cooke.	
„	Nicholas	} Pasteler.	
Scottishe.	Hamilton	} Under cooke.	

Englishe.   Percye
Frenche.   Silvester   Boyes, and turnebroches
Englishe. Little Hamerlyn   of the kytchen.
   „   Thomas Welshe

One of this number hath bene discharged within these two dayes for his misdemeanour.

Englishe.   Roger Sharpe, cocheman.
   „   Lawrence Barloe
   „   John Jackson   } Groomes of the stable.
   „   Robert
   -     Henry, Nau's servant.
Scottishe. Lawrence, Curle's servant.
Englishe. George, Melvin's servant
   „   Ralph, Burgoigne's servant.

Women servantes.

Scottishe. Curle's Wife
Frenche.   Beauregard
Scottishe. Jane Kenethye   } Gentlewomen of her
   „   Elizabeth Curle   chamber.
   „   Gillis Mowbray
Englishe. Catharyne Braye } Maydens to serve
Scottishe. A Scottishe Mayd   the Q. gentlewomen.
        Bastian's wyfe.
   „   { Her two daughters.
        Her sone.
        Elizabeth Butler
Englishe. { Alice Sharpe   } Laundresses.
        Alice Forster

Anhang.

Litterarischer Nachlass der Schottenkönigin.

Der litterarische Nachlass Maria's ist bekanntlich von Fürst Alexander Labanoff, der sich die Sammlung ihrer Briefe, Instructionen, Memoiren zur Lebensaufgabe gemacht hatte, in seinem siebenbändigen Werk: Recueil des Lettres de Marie Stuart Reine d'Écosse, Londres 1844 veröffentlicht worden. Einzelne Nachträge haben Alexandre Teulet (in seinem Supplément au Recueil du prince Labanoff, Paris 1859, zum Theil aus dem schwer zugänglichen Archiv zu Simancas), ferner Miss Agnes Strickland, John Hosack, John Stuart, John Small u. a. geliefert. Jüngst publicirte der Jesuit P. Josef Stevenson in seinem Werk: The history of Mary Stewart from the murder of Riccio until her flight into England by Claude Nau, her secretary, Edinburgh 1883 unter anderen werthvollen Dokumenten ein (leider unvollendet gebliebenes) Memoire (französischer Originaltext ibid. S. 215 f.), welches zwar nicht von Maria selbst, sondern von ihrem Sekretär Claude Nau herrührt, aber jedenfalls unter ihrem direkten Einfluss entstanden ist. Ich begnüge mich hier einiges, was in die vorerwähnten Werke entweder gar nicht oder in anderer Form aufgenommen ist, zum Abdruck zu bringen.

I. Tagebuch der unglücklichen Schottenkönigin Maria Stuart während ihres Aufenthaltes zu Glasgow vom 23. bis 27. Januar 1567.

(Nach den im State Paper Office zu London, Mary Queen of Scots, vol. II und unter den Cecil Papers zu Hatfieldhouse erhaltenen officiellen Uebersetzungen, bezw. Copien des französischen Originaltextes.)

(Donnerstag, 23. Januar, Nachts.)[1])

Disposition: The message of the father (des Darnley = des Grafen von Lennox) by the way (nach Glasgow).

The talk of Sir James (Hamilton) of the ambassador (Thomas Crawford).

That that the Lard a Luss hath told me of the delay (des Gerichtstags).

The questions that he (= Darnley) asked of Jochim,[2]) of my state, of my company, and of the cause of my comming and of Joseph (Riccio).

The talk that he (= Darnley) and I had, [and] of his desyre to please me, of his repentance, and of the interpretation of his letter, of Will Hiegate's doing, and of his departure (nach England), and of the L. of Livinston.

Being gon from the place (Edinburgh), where I had left my harte (ihr damals sieben Monate altes Söhnchen James), it may be easily judged what my countenance was,

---

1) Mit den sinnstörenden Interpolationen (als Kassettenbrief Nr. 2) nach der officiellen englischen Uebersetzung im State Paper Office zu London gedruckt bei Malcolm Laing, history of Scotland II S. 151 f. (vgl. Hosack I¹ S. 186 f. und 200 f.) und Harry Bresslau, Histor. Taschenbuch von Fr. v. Raumer, fortgesetzt von W. Maurenbrecher Jhrg. 1882 S. 76 f.; vgl. m. Tagebuch I. Th. München 1882 (Lindauer) S. 15 f. und 46 f.; II. Th. S. 31 f.

2) Ueber Joachim (Pain, fourrier) und die übrigen Diener Maria's s. den bei A. Teulet, Relations II S. 268 f. gedruckten Etat vom 13. Febr. 1567.

consydering what the body may without harte, which was cause that till dynner I had used lyttle talk, neyther wold any body advance himselfe thereunto, thinking that it was not good so to do.[3])

Four myles from hence (von Glasgow) a gentleman (Thomas Crawford) of the Erle of Lennox cam and made his commendations and excuses unto me, that he (der Graf) cam not to meet me, because he durst not enterprise so to do, consydering the sharp words that I had spoken to Conyngham (des Grafen Diener), and that he desired, that I wold come to the inquisition of the facts, which I did suspect him of. This last was of his (Crawford's) own head without commission (des Gr.), and I tolde him that **there was** no receipt against feare, and that he (der Gr.) had no fear, if he did not feele himself faulty, and that I had **so** sharply answered to the doubts that he made in his letters, as though there had been a meaning to poursue him. To be short, I have made him hold his peace.

Sir James Hamilton came to meet me, who told me, that at another tyme he (Crawford) went his way, when he heard of my comming, and that he sent unto him Houstoun, to tell him that he wold not have thought, that he (J. H.)

---

3) Der Anfang des Tagebuchs ist im Wortlaut des Originals erhalten und lautet folgendermassen:

Estant party du Lieu ou je avois laissé mon Coeur, il se peult aysément juger quelle estoit ma Contenance, veu ce que peult un Corps sans Coeur, qui a esté Cause que jusques à la Disnée je n'ay pas tenu grand Propos, aussi Personne ne s'est voulu advancer jugeant bien, qu'il n'y faisoit bon.

Ich folge der erwähnten englischen Uebersetzung, die ich nur an Stellen, wo sie das französische Original offenbar misverstanden hat, nach der erhaltenen schottischen Uebersetzung (in der schottischen Version der Detectio Buchanan's) oder nach eigenem Urtheile verbessert habe (s. die gesperrten Stellen des Druckes); erklärende Zusätze sind in runden Klammern beigefügt.

wold have followed and accompany himself with the Hamiltons. He (I. H.) answered that he was not come but to see me and that he wold not follow Stuart nor Hamilton but by my commandment. He (Cr.) prayed him to go to speak to him; he (I. H.) refused it.

The Lard Luće, Houstoun and the sonne of Caldwell and about XL^y horse came to meet me, and he (Luce) told me that he was sent to one day a law from the father (des Darnley d. i. Gr. Lennox), which shold be this day (23. Jan.), against the signing of his (des Gr.) own hand which he (Luce) has, and that, knowing of my comming, he (der Gr.) hath delayed it, and hath prayed him to go to see him, which he (Luce) hath refused and swearith that he will suffer nothing at his (des Gr.) hands.

Not one of the town is come to speak with me, which makith me to think that they be his (des Gr.), and they so speak will of them (von Gr. Lennox und Darnley) at least of his sonne (Darnley). I see no other gentleman but those of my company.

The king (Darnley) sent for Joachim[4]) and asked him, why I did not lodge nigh to him, and that he wold ryse sooner and why I came, whithir it wear for any good appointment, that I came, and if I had made my estate,[5]) and whithir I had not taken Paris and Guilbert (Curle) to write, and that I wold send Joseph (Riccio) away. I wonder who hath told him so much even of the marriage of Bastian (Pages).

I asked him of his letters and where he did complayn of the cruelty of some of them. He said that he did dreme, and that he was so glad to see me that he thought he

---

4) s. Anm. 2.
5) s. Anm. 2.

shuld dye. He found great fault that I was pensive. I went my way to supp.

He prayed me to come agayn, which I did; and he told me his grefe, and that he wold make no testament. but leave all unto me, and that I was cause of his sickness for the sorrow he had, that I was so strange unto him.

„And" said he „you asked what I ment in my letter to speak of cruelty. It was of your cruelty, who will not accept my offres and repentance. I vow that I have don amisse, but not that I have also always disavowed (die Ermordung David Riccio's); and so have many othir of your subjects don and you have well pardoned them. I am yong. You will say that you have also pardoned me in my tyme, but that I returne to my fault. May not a man of my age, for want of counsel, faylle twise or thrise and mysse of promis and at the last repent and rebuke himself by his experience? Yf I may obtayn this pardon. I protest I will not make fault agayn. And I ask nothing but that we may be at bed and table togither as husband and wife; and if you will not, I will never rise from this bed. I pray you, tell me your resolution hereof. God knoweth, that I am punished to have made my god of you and had no other mynd but of you. And when I offend you some tyme, you are cause thereof; for if I thought, when anybody doth any wrong to me, that I might for my resource make my moan thereof unto you, I wold open it to no other; but when I heare anything, being not familiar with you, I must keep it in my mynd and that troublith my witt for anger."

I did still answer him, but that shall be to long to write at length. In the end I asked him why he wold go in the English shipp. He doth disavow it and swearith so, but confessith to have spoken to the men (den Engländern).

Afterward I asked him of the inquisition of Hiegate. He denyed it till I told him the very words, and then he said, that Minto sent him word, that it was said, that som of the counsyle had brought me a letter to signe to putt him in prison, and to kill him if he did resist and that he asked this of Minto himself, who said unto him, that he thought it was true. I will talke with him to morrow (24. Jan.) upon that poynte.⁶)

In the end he desyred much, that I shuld lodge in his lodging. I have refused it. I have told him that he must be pourged and that could not be don heere.

He said unto me: „I have heard say that you have brought the lytter w i t h y o u, but I wold rather have gon with yourself." I told him that so I wold myself bring him to Cragmillar, that the phisicians and I also might cure him without being farr from my sonn (dem jungen James). He said that he was ready when I wold, so as I wold assure him of his request (ehelichen Zusammenlebens). He hath no desyre to be seen and waxeth angry when I speake to him of Wallcar, and saith that he will pluck his ears from his head, and that he lieth; for I asked him before of that, and what cause he had to complayn of som of the lords and to threaten them. He denyeth it and s a i e t h h e l o v e t h t h e m a l l a n d p r a y e t h m e t o g i v e t r u s t t o n o t h i n g a g a i n s t h i m. As for myself, he wold rather lose his lyfe than doo me the least displeasure; and then used so many kinds of flatteryes so coldly and so wysely, as you wold marvayle at. I had forgotten that he sayde, that he could not mistrust me for Hiegate's word, for he could not believe, that his own flesh (which was myself) wold doo him any hurte; and indeed it was sayd that I refused to s u b s c r i v e t h e s a m e. But for the others that wold

---

6) Nachtrag vom 24. Januar: The rest as Wille Hiegate (he) hath confessed; but it was the next day a f t e r m y c o m i n g h i t h e r (d. i. am 24. Jan.).

pursue him he wold at least sell his lyfe deare ynoughe; but that he did suspect nobody nor wolde, but love all that I did love.

He wold not lett me go, but wold have me to watche with him. I excused myself from sytting up with him this nyght (23./24. Jan.), for he saith that he sleepith not. You have never heard him speake better nor more humbly; and if I had not proof of his hart to be as waxe I wold have almost had pitie of him. I think they (die beiden Lennox) have bene at schoole togither. He (Darnley) has allwais the tears in his eye. He saluteth every man, even to the meanest, and makith much of them, that they may take pitie of him. His father (der Gr. Lennox) has bled this day (23. Jan.) at the nose and at the mouth. I have not seen him, he is in his chamber. The king (Darnley) is so desyrous, that I shuld give him meath with my own hands.

This is my first journay; I will end to-morrow (24. Jan.).[7] I write ill; I cannot doo with all (d. i. schlafen), for I am yll at ease, and glad to write when other folke be asleep, seeing that I cannot doo as they doo (d. i. schlafen), according to my desyre, that is between your arms, my dear lyfe (Darnley), whom I beseech God to preserve from all yll, and send you good rest as I go to seek myne, till to-morrow (24. Jan.) in the morning, when I will end my babble.[8]

---

[7] Hier ist ein weiterer Zusatz vom 24. Januar eingeschaltet; er lautet: I doo heere a work that I hate much, but I had begon it this morning (24. Jan.). He hath almost told me all on the bishop's behalf and of Sunderland, without touching any word unto him, but only by much flattering him and praying him and by my complayning of the bishop, I have taken the worms out of his nose. We are tyed to with two false races. God knytt us togither for ever for the most faythfull couple that ever he did knytt togither. This is my faith; I will dye in it.

[8] Im französischen Text stand vermuthlich: babil, was die Uebersetzungen in: bible verkehrt haben.

But it greevith me, that it shuld lett me from wryting, so much I have to write.

I am weary, and am asleepe, and yet I cannot forbear scribbling as long as there is any paper.

He is not over-much spilt, but he has got very much [9]) (die schwarzen Blattern). I thought I shuld have been kylled with his breth, and yet I was sett no nearer to him than in a chayr by his bolster, and he lyeth at the further syde of the bed.

I had forgotten of the L. of Livinston that he at supper sayd softly to the Lady Reres, that he drank to the persons that I knew, if I wold pledge them. And after supper he sayd softly to me, when I was leaning upon him and warming myself: „You may well go and see sick folk, yet can you not be so wellcome unto them as you have this day (23. Jan.) left somebody in payne, who shall never be merry, till he have seen you agayn." I asked him who it was; he took me about the body [10]) and sayd: „One of this folke that you have left this day (23. Januar) in fascherie" (d. i. Darnley).

---

9) Ich folge hier den Auszügen Ralph Sadlers (vgl. Laing II S. 232 f.), da die englische Uebersetzung völlig albern ist.

10) Welcher Ausdruck hier im französischen Original stand, ist schwer zu sagen, die schottische Uebersetzung gibt ihn mit: he thristit (= thrust) my Body wieder. Da beide Uebersetzungen obendrein bestrebt sind, den Text in's Schlimmere zu verkehren, so mag ursprünglich embrasser oder toucher die wahre Lesart gewesen sein. Die ganze Erzählung rührt unzweifelhaft von Maria's Hand her, da nicht nur in der Disposition deutlich darauf hingewiesen ist (s. o.: of the L. of Livinston), sondern gerade sie es war, welche Maria, wie sie unten sagt, wegen Mangels an Papier auf dem gen. Dispositionszettel (memorial) nachtragen musste, der andernfalls gar nicht auf uns gekommen wäre.

(Freitag, 24. Januar, Mitternacht nach 2 Uhr).[11])

Disposition: Remember zow of the purpois (des Darnley) of the Lady Reres, of the Inglismen, of his mother (der Gräfin von Lennox), of the erle of Argyle, of the erle Bothwell.

This day I have wrought till two of the clock upon this bracelet, to putt the key in the clifte of it, which is tyed with two laces. I have had so little tyme that it is very yll, but I will make a fayrer.

I go to my talk.

To be short, he will not com but with condition that I shall promise to be with him as heretofore at bed and bord, and that I shall forsake him no more; and upon my word he will doo whatsoever I will and will com with me, but he hath prayed me to tarry till after to-morrow (27. Januar).

He hath spoken at the fyrst more stoutly upon the matter of the Inglishman and of his departure; but in the end he cometh to his gentleness agayn. He hath told me, among other talk, that he knew well, that my brother (Murray) hath told me at Stirling that which he (Darnley) had said there, whereof he denyed the half, and specially that he was in his (Murray's) chamber.

When he desyred me to promise that when he shuld be well we shuld make but one bed, I told him, that if he did not change his mynd between this tyme and that, I was contented, so as he wold say nothing thereof; for the lords wished no yll to him, but did feare lest, consydering the threatening which he made, in case we did agree togither, he wold make them feel the small accompte they have made of him, and that he wold persuade me to poursue som of them, and for this respecte shuld be in jealousy if at one

---

11) S. A. 1; vgl. m. Tageb. I S. 24 f. u. 55 f.; II S. 35 f.

instance without their knowledge I did breake the game made to the contrary in their presence.¹²) And he said unto me very pleasant and merry: „Think you that they doo the more esteem you therefore? But I am glad that you talked to me of the lords. I hope that you desyre now that we shall lyve a happy lyfe; for if it weare otherwise, it could not be but greater inconvenience shuld happen to us both than you think. But I will doo now whatsoever you will have me doo. I will love all those that you shall love and so as you make them to love me also. For so as they seek not my lyfe, I love them all equally."

To be short, he will go anywhere, upon my word. Alas! I never deceived anybody.

He is to take phisick at Cragmillar, ant the bathes also, and shall not com fourth of long tyme. To be short, for that that I con learn he trustith upon my word, but not to tell me as yet anything; howbeit I will know all of him, but I shall never be willing to beguile one that puttith his trust in me.

---

12) Ein Theil des Gesprächs, das Maria bei dieser Gelegenheit mit Darnley führte, scheint im Kassettenbrief N. 7, der nur im schottischen Text (der Detectio Buchanan's) überliefert ist, erhalten zu sein. Er lautet (vgl. m. Tageb. I S. 40 u. 65; II S. 53 f.):

(Maria:) „Me thinkis that your Services, and the lang Amitie, having the gude Will of ye Lordis, do weill deserve ane Pardoun, gif abone the Dewtie of ane Suject yow advance yourself, not to constrane me, bot to assure yourself of sic Place neir unto me, that uther Admonitiounis or forane Perswasiounis may not let me from consenting to that that ye hope your Service sall mak yow ane Day to attene (ein eheliches Zusammenleben): And to be short, [to] mak yourself sure of the Lordis, that ye are constranit (to) for your Suretie, and to be abill to serve me faithfully; and to be short excuse yourself, and perswade thame the maist ye can. Ze sal say aneuch, gif the Mater or Ground do lyke yow, and (give) mony fair Wordis to Lethingtoun."

He givith me certain advertisements and these distinct[13]) of that that I fear (von seiner Theilnahme an der Ermordung Riccio's) even to say that his faults be published, but there be that committ some secret faults and fear not to have them spoken of lowdely, and that there is speech of great and small.

And even touching the Lady Reres, he said: "God grant, that she serve to your honour!" and that any man not think, nor he neyther, that myne own power was not in myself (sondern in Lady Reres), seeing I did refuse his offers. To conclude, for a suerety, he mistrustith her. But in the end, after I had spoken two or three good words to him, he was very marry and glad. I have not seen him this evening (24. Jan.) for ending my bracelet, but I can fynd no clasps for yt; it is ready thereunto.

He is mad when he hears of Ledinton and of my brother (Murray)[14]); of the Earl of Arguile I am afraide to heare him talk, at the least (!) he assurith himself that he hath no yll opinion of him. He speakith nothing of

---

13) Solches war wohl der Sinn der Stelle im Original; die beiden Uebersetzungen haben sie offenbar misverstanden.

14) Auf Darnley's Gespräch über Murray beziehe ich folgende Stelle am Ende unseres "Briefes":

(Darnley:) "Now if to please you, my deere lyfe, I spare neither honor, conscience, nor hazard, nor greatness, take it in good part, and not according to the interpretation of your false brother (Murray), to whom, I pray you, give no credit against the most faythfull lover that ever you had or shall have. See not him whose fayned tears you ought not more to regard than the true travails which I endure to deserve his place. God give you, my only friend, the good luck and prosperitie that your humble and faythfull lover doth wisshe unto you." Maria fährt fort: I have not made one word.

In der oben angeführten Disposition ist auch von Darnley's Gespräch über seine Mutter und über den Grafen Bothwell die Rede. Da sich hievon keine Spur findet, so hat Maria entweder diese Punkte zu beantworten vergessen, oder der bez. Passus wurde gewaltsam beseitigt.

these abrode (den verbannten Lords und Ricciomördern), nither good nor yll, but avoidith speaking of them. His father (der Gr. v. Lennox) keepith his chambre; I have not seen him. All the Hamiltons be here who accompany me very honestly, when I go to visitt him (Darnley). He hath sent to me and prayeth me to see him rise to-morrow (25. Jan.) in the morning early; if I learne anything, I will make every night a memoriall thereof. It is very late, although I shuld never be weary in wryting, yet I will end my evill wryting, and read it over twise. I scribbled for I had yesternight (23. Jan.) no paper when I took the paper of a memorial.[15])

(Samstag, 25. Januar 1567 Morgens).[16])

I bring the man (= Darnley) monday (27. Jan.) with me to Cregmillar, where he shall be upon Wednisday (29. Jan.). And I'll go to Edinborough to be lett blud. He (= Darnley) is the meryest that ever you sawe, and doth remember unto me all that he can, to make me believe that he loveth me. To conclude, you wold say that he makith love to me, wherein I take so much pleasure, that I never com in there, but the payne of my syde doth take me. I have it sore to day. If Paris doth bring back unto me that for which I have sent (eine Medicin gegen das Seitenstechen), it shuld much amend me.

I send this present to (William) Ledinton by (Archibald) Beton, who goeth to one day a law of Lord Balfour from Glasco this Saturday morning.

---
15) Vgl. A. 10.
16) Mit den Interpolationen nach der officiellen englischen Uebersetzung (im State Paper Office zu London) als Cassettenbrief N. 1 gedr. bei Bresslau a. a. O. S. 75 f.; vgl. m. Tageb. I S. 29 f. u. 45 f.; II S. 38 f.

Sen my Letter (an Lethington) writtin the Erle of Sudderland[17]) come to me verray sad, and hes askit me my Counsel, quhat he shuld do efter to Morne (27. Jan.), becaus thair be mony Folkis heir, and that he feirit thair suld sum Troubil happin of it. I tald him that he suld have resolvit and that he suld avoyde, gif he culd, thay that wer maist mistraistit. He hes resolvit be my Opinioun; for he hes astonished me to se him sa unresolvit at the Neid. I assure myself he will play the Part of ane honest Man. For we had Zisterday (24. Jan.) mair then III. C. Hors of his and of Levingstoun's.

(Darnley:) „Si lenuy de vostre absence,[18]) celuy de vostre oubli, la crainte du dangier tant promis d'un chacun a vostre tant ayme personne peuvent me consoller, je vous en lesse a juger, veu le malheur que mon cruel sort et continuel malheur mavoient promis a la suite des infortunes et craintes tant recentes que passes de plus longue main, lesquelles vous scaves. Mais pour tout cela, je ne vous accuserai ni de peu de souvenance ni de peu de soigne et moins encores de vostre promesse violee ou de la froideur de vos lettres, mestant ja tant rendu vostre, que ce quil vous plaist mest agreable, et sont mes penses tant volonterement aux vostres asubjectes, que je veulx presupposer que tout ce

---

17) So glaube ich den ursprünglichen Text dieses als Kassettenbrief N. 8 in der schottischen Uebersetzung der Detectio Buchanan's gedruckten Tagebuchfragments herstellen zu müssen; vgl. m. Tageb. I S. 41 f. und 66; II S. 55 f.

18) Als Kassettenbrief N. 3 nach der officiellen französischen Copie des Originaltextes im State Paper Office zu London gedr. bei Hosack I¹ S. 217 f. und Bresslau a. a. O. S. 86 f. In Wahrheit ein Auszug aus dem Gespräche Darnley's mit Maria; vgl. m. Tageb. I S. 31 f. u. 62 f.; II S. 41 f.

que vient de vous procede non par aulcune des causes desus
dictes, ains pour telles qui sont justes et raisonnables et telles
que je desire moy mesme, qui est lordre que maves promis
de prendre final pour la seurete et honnorable service du
seul soubtien de ma vie, pour qui seul je la veus conserver,
et sens lequel je ne desir que breve mort. Or, et pour vous
tesmoigner, combien humblement sous voz commandemens je
me soubmets, je vous ay envoie en signe d'homage par Paris
lornement du cheif, conducteur des aultres membres, inferant
que vous investant de sa despoille de luy qui est principal,
le reste ne peult que vous estre subject et avecques le con-
sentement du cueur. Au lieu duquel, puisque le vous ay ja
lesse, je vous envoie un sepulcre de pierre dure poinct de
noir, seme de larmes et de ossements. La pierre je la compare a mon cueur, qui comme luy est talle en un seur tom-
beau ou receptacle de voz commandements, et sur tout de
vostre nom et memoire, qui y sont enclos, comme mes
cheveux en la bague pour jamais nen sortir. Que la mort
ne vous permet faire trophee de mes os, comme la bague en
est remplie en signe que vous aves fayt entiere conqueste de
moy, de mon cueur, et jusque a vous en luisser les os pour
memoir de vostre victoire et de mon agreable perte et volon-
tiere, pour estre mieux employe que je ne le merite. Les-
mail d'environ est noir, qui signifie la fermete de celuy
qui lenvoie. Les larmes sont sans nombres, aussi sont les
craintes de vous desplair, les pleurs de vostre absence, et le
desplaiser de ne pouvoir estre en effect exterieur vostre,
comme je suys sans faintise de cueur et desprit et a bon
droit, quant mes merites seroint trop plus grands que du
plus perfayt que jamais feut, et tel que je desire estre et
mettray poine en condition de contrefair, pour dignement
estre emploit soubs vostre domination. Receves la donc, mon
seul bien, en aussi bonne part, comme avecques extreme joie
jay fait vostre mariage, qui ne sortira de mon sein comme

merque de tout ce que jay ou espere ni desire de felicite en ce monde."

(Maria fährt fort) J'ay dit: "(Je reçois la bague) comme fait celle qui vous veult estre pour jamais humble et obeisante loyalle femme et seulle amye, qui pour jamais vous voue entierement le cueur, le corps sans aucun changement, comme a celluy que je fait possesseur du cueur, du quel vous pouves (vous) tenir seur. Jusques a la mort ne changera, car mal ni bien onque ne estrangera."

(Sonntag, 26. Januar, Nachts).[19])
J'ay veille plus tard que je n'eusse fait, si ce neust esté pour tirer la plus belle commoditié pour nostre affaire, qui se pourroit presenter. Je luy (Darnley) ai promise de le mener demain (27. Jan. nach Craigmillar).

(Darnley:) "Or madame, j'ay jà rompu ma promesse; car vous ne mavies rien comandé de vous envoier ni escrire. Je ne le fais pour vous offencer; et si vous scavies la craint que j'en ay, vous nauries tant des subçons contrairs que toutes fois je cheris comme procedant de la chose du mond que je désire et cherche le plus: c'est vostre grâce, de laquelle mes desportemens masseureront; et je n'en disespereray jamais tant que selon vostre promesse vous m'en dischargeres vostre coeur. Aultrement je penseray que mon malheur et le bien

---

19) Als Kassettenbrief N. 4 nach der officiellen französischen Copie des Originaltextes unter den Cecil Papers zu Hatfieldhouse gedr. von Kervyn de Lettenhove in den Bülletin's der Brüsseler Akademie 1872 und Bresslau a. a. O. S. 88 f. Nach einer einleitenden Bemerkung Maria's folgt ohne näheren Zusammenhang ein Auszug aus dem Gespräche Darnley's mit Maria; vgl. m. Tageb. I S. 34 f. u. 63 f.; II S. 45 f.

composer de ceux (Murray etc.), qui n'ont la troisiesme partie de la fidelité ni voluntair obéissance que je vous porte, auront gaigné sur moy l'avantage de la seconde amye de Jason (Creusa-Glauke): non que je me compare a un si malleureus, combien que vous m'en fassies un peu resenbler en chose qui vous touschast ou puist vous préserver et garder a celuy a qui seul vous apartenes, si l'on se peult approprier ce que l'on acquiert par bien et loyalment, voire uniquement aymer comme je fais et fairay toute ma vie pour bien ou mal qui m'en puisse avenir. En recompence de quoy et de tous les maulx dont vous maves este cause, je ne demande que (que) vous me tennes promesse demain (27. Jan.) et que n'adjousties foy au subçons quaures, sans vous en certifier, et je ne demande a Dieu, si non que coignoissies tout ce que j'ay au coeur qui est vostre, et qu'il vous preserve de tout mal au moins durant ma vie, qui ne me sera chere qu'autant qu'elle et moy vous serons agréables. Je m'en vois coucher et vous donner le bon soir. Mandes moy demain comme vous seres porté à bon heur, car j'en seray en pein, comme la tourtre[20]) demeurera seulle a se lamenter de l'absence plus court quelle soit."

---

20) Mit der Turteltaube, welche in Monogamie lebt und daher als das Muster ehelicher Treue von den Dichtern gepriesen wird, vergleicht sich Darnley auch in einem bei Miss Strickland V S. 104 f. abgedruckten selbstverfassten Sonett, das ich der Parallelle wegen hiehersetze:

> The turtle for her mate
> More dule may not endure,
> Than I do for her sake
> Who has mine heart in cure;
> My heart which shall be sure
> With service to the deed (death),
> Unto that lady pure (Maria?),
> The weal of womanhood.

(Maria führt fort:) Ce que je ne puis faire (d. i. schlafen) de bon coeur; car je n'ay ose escrire devant Joseph (Riccio) et Bastienne (Pages) et Joachim (Pain), qui ne font que partir quand j'ay commence (zu schreiben).

(Maria:) „Mon cueur helas,[21]) faut il que la follie d'une famme soit cause de vous donner displesir, veu que je neusse sceu y remedier sans le scavoir. Et despuis que men suis apersue, je ne vous lay peu dire pour scavoir comment je me gouvernerois. Car en cela ni autre chose je ne veux entreprandre de rien fayre sans en scavoir vostre volontay, laquelle je vous suplie me fayre entandre, car je la suivray toute ma vie plus volontiers que vous ne me la declareres. Et si vous ne me mandes ce soir ce que volles que j'en faisse, je m'en deferay. Et quant elle sera mariee, je vous suplie, donnes men une ou jeu prandray telles de quoy vous

> Yet no mirth, till we meet,
> Shall cause me be content,
> But still my heart lament,
> In sorrowful sighing sore,
> Till that time she's present.
> Farewell, I say no more.

Die Aehnlichkeit dieses Gedichts mit unserer Stelle ist überraschend. Gewiss wird man daher Miss Strickland beistimmen können, wenn sie (a. a. O. S. 106) annimmt, dass D. dieses Sonett auf Maria und zwar zur Zeit seiner Krankheit in Glasgow gedichtet habe.

21) Als Kassettenbrief N. 5 nach der officiellen französischen Copie des Originaltextes im State Paper Office zu London gedr. bei Laing II S. 202 f. (vgl. Hosack I[1] S. 225 f. Gauthier II[2] S. 509) und Bresslau a. a. O. S. 90. In Wahrheit ein Auszug aus dem Gespräch Maria's mit Darnley über eine ihrer Dienerinnen, welche sich -- sei es nun Lady Reres (s. o.) oder Margaret Carwood, die bald darauf (am 11. Febr. 1567) heiratete, s. Book of Articles bei Hosack I[1] S. 538, vgl. Miss Strickland V S. 149 — eine unehrerbietige Aeusserung über Darnley erlaubt hatte; vgl. m. Tageb. I S. 36 f. u. 64; II S. 48 f.

contanteres quant a leur conditions, mays de leur langue ou fidelité vers vous je ne vous en respondray. Je vous suplie quune opinion sur aultrui ne nuisse au vostre endroit a ma constance. Soupsonnes moy, mays quant je vous en veulx randre hors de doubte et mesclersir, ne le refuses, ma chere vie et permettes que je vous face preuve par mon obeissance de ma fidelité et constance et subjection volontaire, que je prands pour le plus agréable bien que je scaurois rescevoir, si vous le voulles accepter."

(Darnley:) „Helas, pourquoy est vostre fiance[22]) mise en personne si indigne (Murray), pour soubçonner ce qui est entierement vostre (Darnley). Je vous advertise bien de vous garder de vostre faulx frere (Murray). Il est venu vers moy et, sens me monstrer rien de vous, me dist que vous luy mandies, qu'il vous escrive ce qu'aurais-je a dire et la dessubs m'a presché que c'estoit une folle entreprise (nämlich die Einschiffung nach England) et que ses gens ne l'endureroient pas et que les seigneurs (die Engländer) se dediroient. Je luy ay dist, qu'estant venu si avant, si vous ne vous en retiries de vous mesmes, que persuasion ne la mort mesme ne me fairoient faillir a ma promesse (an die Engländer). Et si vous (Maria) neussies non plus changé de pensee depuis mon absence que moy, vous ne series a demander telle resolution (in Schottland zu bleiben). Or il ne manque rien de ma part, et puisque vostre negligence nous met tous deux au danger d'un faux frere, s'il

---

22) Als Kassettenbrief N. 6 nach der officiellen französischen Copie des Originaltextes unter den Cecil Papers zu Hatfieldhouse gedr. bei Kervyn de Lettenhove (s. A. 19) und Breslau a. a. O. S. 91 f. In Wahrheit ein Auszug aus dem Gespräch Darnley's mit Maria über deren Bruder Murray und dessen Gespräch mit dem König zu Stirling s. o. S. 69; vgl. m. Tageb. I S. 37 f. u. 64 f.; II S. 50 f.

ne succede bien, je ne me releveray jamais. Car je ne ose me fier a vostre frere (Murray) en quelle estat je suis, et juges quelle amendement m'a porté (der Zustand)."[23])

Drei echte Sonette, welche Maria auf Darnley dichtete (zur Zeit ihres Aufenthaltes zu Glasgow?), sind gedr. in m. Tageb. I S. 76 f. (N. I, II u. VIII); die beiden Ehecontrakte (mit Bothwell) ausgefertigt zu Dunbar 25. April 1567 gedr. in m. Werk Maria Stuart und ihre Ankl. S. 84 f. u. 85 f. Die Anfangsworte des zweiten: „At Setoun the V. Day of Apryll" sind späterer Zusatz s. ibid. S. 88.

II. **Zwei Originalbriefe Maria's (aus Bolton) an den Gr. v. Huntly aus dem Jahre 1568.**

(Aus Gordon Castle stammend, h. im Besitz des Herz. v. Richmond). Fehlen bei Labanoff; gedr. im Catal. S. 198 f.

Brief I.
(Catal. S. 198 f.)

(Bolton, 10. August 1568.)

Traist cousing and counsalour, we greit zow weill. Knawing zour mynd and will towartis ws, and understanding the proceidingis of the rest of our nobilite in Scotland, doubtis not but ze ar participant of the same, as be the

---

23) Hiemit bricht das Tagebuch ab, das, wie der Leser sieht, am Ende aus einzelnen losen Blättern mit flüchtigen Aufzeichnungen besteht, die unter einander — wohl wegen Mangels an Zeit (da Maria bereits Montag 27. Jan. mit dem kranken Darnley die Reise nach Edinburgh antrat) — nur mangelhaft verbunden sind und ohne eigentlichen Abschluss enden. Ob dieses Tagebuch (am 7. u. 8. Dez. 1568) zu Westminster und Hamptoncourt (am 14. Dez.) von Murray im **Original**, aber durch Interpolationen zu einer Reihe von (8) Briefen umgestaltet, oder nur in Copie vorgelegt wurde, ist für unseren Zweck, dessen ursprüngliche Form nebst Inhalt festzustellen, gleichgültig.

Lurd of Skirlingis[1]) report, quha come to ws thairfra, ye 6'
of this instant, hes schawin ws at lenth yerof. And incontinent eftir his arreving we dispeschit ane of our servandis[2]) with deligence towartis our sister the Quene, schawing hir gif the rigorous proceiding of our rebellis agains our fayfull subiectis war not stayit in dew tyme, quhat inconvenientis myght follow thairon. Quhais ansour we await to cum haistely, hoipand it wilbe gud, and sall mak zow participant yerof, with quhat uthir newis occurris. Sen the quhilk dispeche we haif ressawit ane vryting of our said sister, of hir awin hand, afferming to performe the promeis sche maid to ws be the lord Hereis,[3]) the quhilk we doubt not hie hes maid manifest to zow alreddy. Praying zow gif thair be ony apperance that ye saidis rebellis will na wayis staye thair said proceidingis, that ze spair not to ze assistance to ye rest of our nobilite, to performe that quhilk is alreddy intreprysit agains thame. Referring the rest to yis said beirare, quha will schaw zow of our mynd mair amply; quhome ze sall credeit. Swa committis zow to ze protectioune of God. Off Bowtoune, ye X. of August, 1568.

(Bis hieher ist der Brief von der Hand eines Sekretärs der Maria Stuart — Gilbert Curle? — geschrieben. Das

---

1) Dieser war mit Lord Claude Hamilton von Maria bei ihrem Abschied von Carlisle (13. Juli 1568) nach Schottland gesandt worden, um sich mit deren Freunden daselbst zu benehmen, s. Miss Strickland VI S. 182; vgl. Maria's Vollmacht für Claude's Vater, den Herz. v. Chatelherault, datirt Carlisle 12. Juli, gedr. bei Laban. II S. 136 f.

2) Sir James Borthwick; vgl. Maria's Briefe an Elisabeth vom 6. u. 7. Aug. bei Laban. II S. 145 f. u. 147 f. (Letzteres ist die Antwort Maria's auf Elisabeth's unten erwähntes Schreiben).

3) Lord Herries kam am 25. Juli von London nach Bolton s. Miss Strickland VI S. 194. Ueber die „Versprechungen" der K. Elisabeth vgl. m. W. Maria Stuart u. ihre Ankläger (München 1884 Lindauer) S. 5 u. S. 9 A. 20.

folgende französische Postscript und die Unterschrift sind von ihr selbst.)

Je n'ose ecrire, car toutes mes lettres ont estay prises, muys le porteur vous contera tout au long: je loue dieu que vous desmantes nos enemis, qui se vantoyent autant de votre inconstance, que aves fayt preuve au contrayre. Et je n'en resoys peu de plesir, en recompences (?) vous m'aures, pour jamays,

    Votre bien bonne cousine
    E meilleure amye, Marie R.

To oure traist cousing and counsalour,
The Erle of Huntly.

(Indorsirt von anderer Hand) Resevit ye first (?) of September. D. Huntlye, 1568.

Brief II.
(Catal. S. 199 f.)

(Bolton, 27. August 1568.)

Traist cousing and counsalour, we greit zow veill. Hering of zoure defait is in greit pane to understand the trewth therof; and becaus we haif hard that our vrytingis hes bene tane be the waye, quhilk we send zow laitly (am 10. August s. o.), will not wryt swa amply at this present as we vald haif done, bot referris our mynd and newis to my lord Hereis, quha will schaw zow all at lenth. Alwayis we haif gottin newis and twa vrytingis fra our sister the quene,[4]) be our servand James Borthik, quhome we haif send to my lord Hereis, expresly to informe him of all our affaires, with the copeis of the saidis lettres; in the quhilk, by syndry uthir heidis, hes writtin that thair is ane army of frensche meyn, uithir on the se or ellis alreddy arrevit in Scotland,

---

4) Vgl. über dieselben (beide datirt vom 10. August) Maria's Brief an Elisabeth vom 27. August bei Laban. II S. 162 f.

as we ar certefyt, my lord deuk of Chattellerauld⁵) is imbarkit alreddy. The quhilk of (if?) we hoip be of verite ze knaw zour awin strenth doing with the rest of our nobelitie as ze and thay sall think necessarie. Referris the rest to ye said lord Hereis, and committis zow to ye protectioune of God.

Off Bowtoune, ye XXVII. of August, 1568.

Your richt gud Cusines and frind, Marie R.

(Die Unterschrift von der Hand Maria's, alles übrige von der Hand des Schreibers des Briefes I.)

Zeschal hir al neues bi mi lord heris, for my leters is bin so oftten (oft tane?) that . . . . . (fehlen drei oder vier Zeilen).

(Addresse) To oure traist Cousinge and Counsalour, the Erle of Huntly.

(Indorsirt von anderer Hand) Resevit ze XI. of September, 1568.

Vgl. zu beiden Briefen Laban. II S. 166 f. und 168 f. Briefe Maria's an den Grafen von Argyle, Bolton 27. und 31. August 1568, Miss Strickland VI S. 189 u. App. N. 11 S. 390: Zwei bis dahin unedirte Briefe Maria's an den Lord Alexander Erskine of Dun, Commendatarabt von St. Colm's Inch, beide aus Bolton und im Juli 1568 geschrieben, der erstere (undatirte) französische ist nur in englischer Uebersetzung, der zweite vom 23. Juli dagegen in seinem eigen-

---

5) Vgl. die oben (A. 1) angeführte Vollmacht Maria's, durch welche der gen. Herzog von ihr zum Generalstatthalter in Schottland bestellt wird. Da Maria auf die Botschaft des Lord Herries (s. A. 3) hin ihren Anhängern Befehl gab, sich zu zerstreuen, so kehrten die französischen Hülfstruppen wieder zurück; vgl. Maria's Brief an Cecil vom 16. Aug. bei Laban. II S. 156 f. und ihre bittere Beschwerde gegen Elisabeth (Brief vom 23. Aug.) wegen Nichteinhaltung der Feindseligkeiten von Seite der Partei Murray's (ibid. S. 159 f.).

thümlichen Dialekt, der wohl englisch sein soll, wiedergegeben (einen ähnlichen misglückten Versuch Maria's, das ihr ungewohnte Englisch zu schreiben, s. bei Laban. II S. 173 f.).

III. Brief Maria's an den Erzbischof von Glasgow.
(Sheffield, 2. Mai 1578.)
(Gedr. nach dem Original⁶) im Besitz des Herrn Fr. Culemann in Hannover).

Reyne decosse
Mort de mᵉ de Lenox   (Von der Hand des gen. Erzbischofs)
2 May 1578.

Monsieur de Glascow Vous auuez este auuise que ie nay este hors de trouble despuis vous anuoir escript Madame la Contesse de Lenox ma belle mere est decedee despuis un mois en ca⁷) ayant laysse une sienne petite fille⁸) dont ceste royne sest retenue la garde iescris a ceulx qui sont auprez de mon fylz de fayre instance en mon nom de ceste succession non pour anuye quelle luy demeure mays pour servir de declaration que luy et moy ne debuons estre resputes ny trettes en etrangiers au royaulme d'angleterre puisque nous sommes nes dans la mesme isle cette bonne dame sestoit grace a dieu fort bien reconnue enuers moy despuis cinq ou six annees que nous auuons eu intelligence enssemble⁹) et ma auoue par lettres escriptes de sa mayn que ie garde le

---

6) Labanoff entnahm seinen Abdruck V S. 31 f. Keith; dieser Brief gehört zu den wenigen, welche dem Brande des Schottenkollegs zu Paris (zur Zeit der französischen Revolution) glücklich entgangen sind; die sorgfältige Copie verdanke ich der Güte des gegenwärtigen Besitzers.

7) Gestorben 9. März 1578 zu Hackney in Middlesex, 63 Jahre alt, s. Miss Strickland II S. 443 f.

8) Arabella Stuart, Tochter des Grafen Charles v. Lennox, des Bruders Henry Darnley's, welcher Dezember 1576 starb, und der Elisabeth Cavendish, Tochter der Gräfin v. Shrewsbury aus erster Ehe.

9) Vgl. oben S. 14 A. 8.

tort que elle mauoit fayct en ses iniustes poursuites dressees comme elle me la fayct entendre par son consentemant pour auuoir estay mal informee mays principallemant par exprez commandemans de ceste dicte royne dangletere et persuasion de son conseill qui auuoint tousiours empesches notre appointêmant lorsque ayant congneu mon innosance elle uoulloit se desister de me poursuiure iusques a refuser pleinemant dauouer ce que ilz faysoient contre moy sous son nom en cest endroit ie priray dieu vous donner monssieur de Glascow en sante longue et heurheuse vie

De Schefild ce 2 may
Votre bien bonne mestresse et mellyeure amye
Marie R.

Addresse auf der Rückseite:
A Monssieur larcheuesque de Glascow mon embassadeur pres le Roy tres Chrestien Monssieur mon beau frere.

Dieser Brief ist von Maria eigenhändig auf ein Folioblatt 1 ¼ Seite geschrieben, auf Papier, das den schottischen Löwen als Wasserzeichen trägt.

Ein Brief Maria Stuarts an den Kardinal von Guise, der bei Labanoff fehlt, datirt „de Schefild le 2 de dessembre" (ohne Jahrzahl) 1 Seite fol. wurde jüngst durch die Verlagsbuchhandlung List und Francke aus der Autographensammlung Karl Halm's nach Amerika verkauft.

Zum Schlusse reihen wir ein Beispiel von Maria's eigenhändiger Unterschrift an, wie es sich (mit dem unseren Lesern bekannten Monogramm s. o. S. 24 und 47) in einem Brief Maria's an Elisabeth vom 15. Juni 1565 (im State Paper Office, gedr. Laban. I S. 273 f.) befindet (s. Catal. S. 175).

Schlusswort.

Ich ergreife die Gelegenheit, auf eine Streitfrage näher einzugehen, die man erst jüngst noch zum Nachtheile der Ehre Maria's auszubeuten versucht hat — ich meine die Frage der Echtheit der von John Hamilton, Erzbischof von St. Andrews, für Jane Gordon und James Bothwell am 17. Februar 1566 erlassenen Dispens, welche wegen deren doppelter Verwandtschaft im vierten Grad zur Eingehung ihrer Ehe (am 24. Februar d. J.) nöthig war. Das Original dieser merkwürdigen Urkunde wurde nach jahrhundertlanger Vergessenheit vor kurzem aus dem Staube des Archivs der Gr. v. Sutherland (der direkten Nachkommen jener Jane Gordon, welche wenige Jahre nach der am 7. Mai 1567 erfolgten Scheidung von Bothwell am 13. Dezember 1573 Alexander 12. Gr. v. Sutherland heiratete) zu Dunrobincastle an's Licht gezogen und von John Stuart in seinem Werk: A lost chapter in the history of Mary Queen of Scots recovered, Edinburgh 1874 zum erstenmale veröffentlicht.[1]) Schon äussere Gründe mussten für die Echtheit dieses wichtigen Dokumentes sprechen und es durfte keiner besonderen Anstrengung, um die entgegengesetzte Ansicht Collin Lindsay's zu widerlegen (s. H. Cardauns im Hist. Jahrb. d. Görresges. VI Bd. 1885 1. H. S. 153 f.). Denn, wer hätte jene Dis-

---

1) a. a. O. Appendix N. III; Facsimile der Urkunde ibid. vor S. 5.

pens fälschen sollen? Doch nur Jane Gordon selbst. Und eben diese fälschte sie, um sie später — damit die Heirat Maria's mit Bothwell (am 15. Mai 1567) möglich wurde — **verschwinden zu lassen!** Oder hat etwa Jane Gordon jemals ernstlich einen Versuch gemacht, jene Heirat zu stören, und nicht vielmehr selbst einen Prozess wegen Ehebruchs gegen Bothwell eingeleitet (s. u.) und sich mit einer Leibrente bis zu ihrem erst 1629 erfolgten Tode abfinden lassen. Schon darum und weil keine begründeten formellen Bedenken gegen jene Urkunde geltend gemacht worden sind, wird sich die Echtheit derselben kaum bestreiten lassen.

Ganz anders aber steht es um die Rolle, welche der gen. katholische Erzbischof, Primas von Schottland und päbstliche Legat in diesem Prozesse spielte. Trotz des Vertrauens, das ihm die römische Curie entgegenbrachte, fehlt es nicht an solchen, die den Vorwurf frivoler Pflichtverletzung, offenkundigen Eidbruches und schmachvoller Nachgiebigkeit gegen ihn zu erheben wagten. Dass freilich John Hamilton jemals seine Zustimmung zu jener Ehescheidung gegeben habe, lässt sich aus den uns erhaltenen Akten jenes Processes **nicht** entnehmen.

Ich glaube den Leser mir zum Dank zu verpflichten, wenn ich ihm zum Beweise hiefür den bei Robertson III Appendix zu Bd. II N. VII gedruckten Account of the sentence of divorce between the earl of Bothwell and lady Jean Gordon his wife, den einzigen zuverlässigen Bericht, den wir hierüber besitzen, in deutscher Uebersetzung wörtlich mittheile.

„Am 29. April 1567 erschienen vor dem ehrw. Mr. Robert Maitland, Decan von Aberdeen, Mr. Edward Henryson, Doktor der Rechte, zwei Senatoren des Richtercollegiums, Mr. Clement Little und Mr. Alexander Syme, Advokaten und Commissären von Edinburgh: Mr. Henry Kinrosse, Sachwalter für Jane Gordon, Gräfin v. Bothwell, aufgestellt von ihr zur Betreibung eines Ehescheidungsprocesses, den sie contra James Gr. Bothwell, ihren Gatten, wegen Ehebruchs, begangen von ihm mit Bessie Crawfurde, z. Z. der Klägerin Dienerin, angestrengt hat; und in gleicher Weise erschien von Seite des gen. Grafen: Mr. Edmond Hay, der, nachdem er von der Klägerin Sachwalter den Eid de Calumnia: ob er genügenden Grund zur Betreibung der gen. Klage habe, abgefordert und erhalten hatte, die Anklage zurückwies; und der gen. Mr. Harrie wählte den folgenden Tag, den letzten April, zum Beweise pro prima. Nachdem er an diesem Tag einige Zeugen vorgeführt hatte, wählte er den nächsten Tag, welcher der erste Mai war, zur weiteren Erhärtung. An diesem 1. Mai führte er einige Zeugen mehr vor und verzichtete auf weitere Beweisführung. Darauf verlangte er einen Termin für Verkündigung des Urtheils. Zu dieser Urtheilsverkündigung secundum allegata et probata bestimmten ihm die gen. Commissäre den nächsten Samstag 3. Mai, und so fand dieselbe vereinbarter Massen an diesem Tag zu Gunsten der Klägerin statt."[2])

„Zur selben Zeit wurde ein anderer Process von dem Gr. v. Bothwell contra seine Gemahlin angestrengt, zu dem Zwecke, um ihre Ehe für nichtig erklären zu lassen, da sie gegen die canones eingegangen sei, ohne Dispens und obwohl er und seine Gemahlin in den verbotenen Graden waren, nämlich Blutsverwandte vierten Grades;[3]) und so

---

2) Vgl. hiemit den bei Stevenson S. CLXIV f. (gekürzt) abgedruckten Protokollauszug des Sekretärs der Commission, Michael Marjoribanks; die Depositionen der Zeugen ibid. S. CLXV f.

3) S. den Nachweis des Grades der Verwandtschaft, datirt 21. Febr. 1566 (also nach ausgestellter Dispens) — ein Schriftstück, das die Indorsation trägt: „Proces of Divorce twixt Erle Bothwell and his Wife. Feb. 21, 1565" (= 1566) — bei Stuart Appendix I (aus den Hamiltonpapers); ibid. N. IV S. 95 f. ist der von Maria mitunterzeichnete Ehecontrakt vom 9. Febr. 1566 gedruckt; vgl. noch

wurde zur Betreibung dieses Processes eine Vollmacht zu Erkenntnis und Urtheil ausgestellt für: den Erzbischof von St. Andrews, Robert Bischof von Dunkeld, William Bischof von Dunblane, Mr. Andrew Crawfurd, Canonikus in Glasgow und Bürger von Egelsham, Mr. Alexander Creichton und Mr. Georg Cook, Kanzler von Dunkeld, und Mr. John Manderston, Canonikus in Dunbar und Präbendar von Belton, oder irgend einen von ihnen. Diese Vollmacht datirt 27. April 1567 wurde zweien der gen. Commissäre, nämlich Mr. Andrew Crawfurd und Mr. John Manderston Samstag 3. Mai durch Mr. Thomas Hepburn, Bürger von Auldhamstock, Sachwalter für den Gr. v. Bothwell,[4]) überreicht, welche den Auftrag annahmen und ihre Vorladung erliessen durch Befehl, ertheilt dem: Decano Christianitatis de Hadingtone, nec non vicario seu curato ecclesiae parochiae de Creichton, seu cuicunque alteri cappellano debite requisitis, auf Verlangen des gen. Grafen dessen Gemahlin wo möglich in Person oder andernfalls in der Pfarrkirche von Creichton zur Zeit des Gottesdienstes, oder in ihrer Wohnung, vor

---

die: Henricus et Maria Dei gratia Rex et Regina Scotorum beginnende Schenkung Bothwell's an seine Gemahlin vom 11. Juni 1566 ibid. Appendix N. V. Für den Verlauf dieses zweiten Processes ist unser „account" bis jetzt die einzige Quelle; doch dürfte eine Copie desselben in den Londoner Archiven noch aufzufinden sein, s. m. Werk Maria St. und ihre Ankl. S. 83 u. 163.

Bothwell's Urgrossvater, Patrick, erster Graf von Bothwell, hatte Margaret Gordon, Tochter Georg's, zweiten Grafen von Huntly, eine Urgrosstante der Jane Gordon, i. J. 1491 geheiratet (Ehecontrakt noch zu Gordoncastle erhalten s. Stuart a. a. O. S. 73 f.). Die Mutter der Jane Gordon, Elisabeth Keith (Schwester des Gr. William von Marischal und seit 1530 Gemahlin Georg's, vierten Grafen von Huntly s. Ehekontrakt bei Stuart S. 74 f.) war eine Enkelin der Elisabeth Gordon, Schwester der obengen. Margaret.

4) Zeuge bei der Unterzeichnung des zweiten Ehecontraktes durch Maria und Bothwell s. u.

Zeugen primo, secundo, tertio et peremptorie, unico tamen contextu pro duplice edicto zu citiren. Und in gleicher Weise zur Zeugnisleistung in derselben Angelegenheit: Alexander Bischof von Galloway (Onkel Huntly's), der den gen. Grafen und seine Gemahlin in der (hl. Kreuz-)Kirche zu Holyroodhouse im Februar 1566 traute, Sir John Bannatyne (= Bellenden) von Auchnoule, Justiceclerk, Mr. Robert Creichtoun von Elliok, Advokat der Königin, Mr. David Chalmers, Provost von Creichton und Kanzler von Ross, Michael, Abt von Melrose, und zum Erscheinen vor den gen. Richtern oder einem derselben in der Kirche St. Giles in Edinburgh, Montag 5. Mai, sei es persönlich oder in Vertretung."

„Am gen. 5. Mai erschienen vor Mr. John Manderston, einem der beauftragten Richter, der allein anwesend war, dieselben Sachwalter für beide Parteien, wie in dem früheren Process; Mr. Edmund Hay (begründete) deutlich (die Klagschrift)[5]) und mehrere der vorgeladenen Zeugen (wurden) vorgeführt und zum Beweise zugelassen. Der gen. Sachwalter verzichtete auf weitere Beweise und der Richter bestimmte den folgenden Tag, den 6. Mai, ad publicandum producta, nempe depositiones ipsorum testium. An welchem Tag, post publicatas depositiones praedictas, Mr. Henry Kinross, Sachwalter für die Gräfin, nachdrücklich objecit objectiones juris generaliter contra producta, insuper renunciavit ulteriori defensioni; proinde conclusa de consensu procuratorum hinc inde causa, judex praedictus statuit crastinum diem pro termino ad pronunciandam suam sententiam definitivam, ex deductis coram eo in praesenti causa et processu."

„Demgemäss gab der gen. Richter Mittwoch den 7. Mai sein Urtheil zu Gunsten des Grafen ab, indem er die Ehe von Anfang an für null erklärte, in Hinsicht auf ihre Bluts-

---

5) Hier sind zwei Worte, im Manuscript unleserlich, von mir nothdürftig ergänzt.

verwandtschaft, welche die Eingehung einer rechtmässigen Ehe ohne vorhererlangte Dispens hinderte."
Aus diesem Bericht geht hervor:
1) Dass der gen. Erzbischof gar nicht unter den Richtern in diesem Processe war. Von allen, auf welche die Vollmacht ausgestellt war, nahmen nur zwei die Klage an und erschien nur ein **einziger**, nämlich John Manderston, der, weil er nicht unter den Zeugen der Eheschliessung erwähnt ist, wohl kaum Kenntnis von der Existenz der Dispens besass.
2) Dass der gen. Erzbischof zur Zeugnisleistung nicht erschien und auch gar nicht vorgeladen war.[6]) Man begnügte sich den Abgang der Dispens zu constatiren, um die Ehe für ungültig zu erklären (s. u.).
3) Dass das ganze Prozessverfahren ein absichtlich überstürztes und eine — zwischen Jane Gordon, ihrem Bruder Gr. v. Huntly und James Bothwell verabredete — Komödie war, da ja der Anwalt der Klägerin nur die Dispensurkunde vorzuweisen brauchte, um dieser Farce ein Ende zu machen; vgl. die Worte des von Cardauns a. a. O. S. 157 f. abgedruckten Rescripts[7]) des Pabstes Pius V. vom 15. Juli 1571:

---

6) Wenn der gen. Erzbischof (mit anderen katholischen Bischöfen) sowohl bei der öffentlichen Deklaration Maria's am 12. Mai 1567 (gedr. bei Anderson I, 2 S. 87 f.), als auch bei der Unterzeichnung des (dritten) Ehecontrakts durch Maria am 14. Mai (bei Hosack I[1] S. 557 f.), endlich bei ihrer Trauung mit Bothwell durch Adam Bothwell, Bischof von Orkney, nach **schottischem Ritus** (s. Chalmers I S. 338) zugegen war (s. Hosack I[1] S. 322), so folgte er wohl nur demselben Zwange (Bothwell's), der ihn und andere nöthigte, auch den Ainsliebund zu unterzeichnen (s. dessen Unterschriften bei Keith II S. 569).

7) Dieses Rescript ist die Antwort des Pabstes auf Maria's an ihn gestelltes Gesuch, dass er ihre Ehe mit Bothwell als eine erzwungene für ungiltig erklären lassen möge; s. ihre Instruktionen für den Bischof v. Ross, der in ihrem Auftrag i. J. 1570 zu diesem Zweck nach Rom reisen sollte (bei Laban. III S. 59) und für Robert

ausus fuit idem comes Jacobus .... Mariam Scotiae reginam
... in arcem de Dunbar in carcerem detrudere eamque ibi
ac deinde in arce Edimburgensi per aliquod temporis spatium
invitam similiter ac reluctantem retinere, donec processum quendam pretensi divortii inter ipsum comitem Jacobum ejusque uxorem predictam instituit, ac subtracta furtive dispensatione apostolica supra narrata iniquissimam desuper sententiam dicti matrimonii rescissoriam omni juris ordine ac dictamine postposito praecipitanter fulminare (?) curavit etc.

Wegen dieses übereilten Verfahrens unterblieb wohl auch die von Maria dringend begehrte Trauung nach katholischem Ritus. Graf v. Huntly — in dessen Gegenwart Maria den ihr von Bothwell abgedrungenen (zweiten) Ehevertrag (s. dens. in m. W. Maria Stuart und ihre Ankl. S. 85 f.) zu Dunbar unterzeichnete — hatte seine Schwester bewogen, gegen eine Rente von ihren Ansprüchen zurückzutreten und so nahm Jane Gordon die Dispens mit sich, um sie vor der Mitwelt zu verbergen. Man beherzige noch folgende Worte des bekannten Book of Articles, dessen Lektüre ich den Gegnern Maria's nicht genug empfehlen kann (bei Hosack I[1] S. 543): „In the tyme of hir (Mary's) remaning at dumbar be the space of VIII or IX dayis a diuorce wes led in twa formes betuix boithuile and his lauchfull wiff .... quhilkis diuorcementis weill considerit ar null, That quhilk is groundit on adulterie upoun his parte for lak of pruif and insufficiency of the witnes. The uther for consanguinitie standing betuix him and his wiff procedit onelie becaus the dispensatioun wes abstracted, the pure man nominat Juge being diuerss tymes minascit of his liff." Ibid. S. 532

Ridolfi März 1571 (ibid. S. 232); vgl. über diesen Scheidungsversuch noch Laban. VII S. 333 Stevenson p. CLXVII f. Stuart S. 39 f. Chalmers II S. 7.

steht folgendes merkwürdiges Geständnis: „In the audience of the said erle of Murray now regent the erles of huntley ergile and the secretair proponing that the best way to be quyt of the king hir husband wes be diuorce, quhilk mycht ensalie be brocht to pas throw the consanguinitie standingbetuix thame, the dispensatioun being abstracted, quhilk she causit be socht and brocht afoir purpoislie to that end." Es ist hier von dem in der Protestation Huntly's und Argyle's (s. Hosack I[1] S. 568 f.) erzählten Vorgang zu Craigmillar im Dezember 1566 die Rede; unwillkürlich bezeugt der Verfasser des gen. Pamphletes selbst, wie gewissenhaft Maria bei dieser Gelegenheit verfuhr, indem sie Nachsuchungen nach der verloren geglaubten Dispens anstellen liess. Kein Zweifel, dass auch zur Ehe mit Bothwell sie nur rohe Gewalt zwingen konnte. Bekanntlich sass die Schottenkönigin gerade zu der Zeit, als die Ehescheidung vorbereitet ward, vom 25. April — 6. Mai (s. die Parlamentsakte vom 20. Dezember 1567 bei Gauthier I[2] S. 578), zu Dunbar gefangen. Bereits am 7. Mai fand der Urtheilsspruch statt und Maria sah sich gezwungen, die vollendete Thatsache ruhig hinzunehmen. Jedenfalls war es nicht ihre Sache, juristische Betrachtungen über die Gültigkeit der neuen Ehe anzustellen, nachdem der geistliche Gerichtshof, wie ihr bedeutet worden war, zu Gunsten Bothwell's entschieden hatte. Vgl. über Maria's strenge Haft und Zwangslage ihre eigene Schilderung in den Instruktionen an den Bischof von Dumblane Mai 1567 bei Laban. II S. 38 f., deutsche Uebersetzung in meiner Erwiderung auf Harry Bresslau's Replik, München 1884 S. 10 f.

Der Briefwechsel zwischen Maria Stuart und Babington.

Vgl. Harry Bresslau, Histor. Zeitschr. von H. v. Sybel
52. Bd. Jahrg. 1884 S. 270 f.

Briefe spielen im Leben Maria's eine entscheidende Rolle. Briefe waren es — die sog. „Kassettenbriefe" — welche den Vorwand zu ihrer Entthronung in Schottland und (nach ihrer Flucht auf englischen Boden) zu ihrer lebenslänglichen Haft in England geben mussten; Briefe waren es hinwiederum — ihre Correspondenz mit Babington — welche Maria's Hinrichtung nach neunzehnjähriger Gefangenschaft vor der Welt rechtfertigen sollten. Hier wie dort waren diese Briefe das **einzige** Dokument der Mitwissenschaft Maria's um ein todeswürdiges Verbrechen, hier wie dort passirten sie die Hände von Männern, welche man, um mit Bresslau (a. a. O. S. 272) zu reden „an und für sich jeder Hinterlist, ja auch einer Fälschung für fähig halten muss" und welche das grösste Interesse an Maria's Verurtheilung hatten (ibid.). Hier wie dort war die gerichtliche Prüfung der Briefe eine äusserst flüchtige und ungenügende und dennoch von den verhängnisvollsten Folgen begleitet. In beiden Fällen sind es nur **einzelne Zeilen**, welche Verdachtsmomente liefern konnten und heute noch liefern, und wird von den hervorragendsten Forschern mit Bestimmtheit eine wenigstens theilweise **Interpolation und Fälschung** behauptet.[1]) In beiden Fällen sind die Originale wohl für immer verschwunden und muss die uns überlieferte Gestalt des Textes eine mangelhafte und zum Beweise unzureichende genannt

---

1) Bezüglich der Kassettenbriefe von Harry Bresslau (s. mein Tageb. I Vorrede p. IX; II S. 1 A. 2); bezüglich der Correspondenz Maria's mit Babington von Labanoff (VI S. 390 A. 1 und S. 398), Lingard (5. Aufl. 1849 vol. VI S. 702 vgl. S. 415 Anm. 1), Hosack (II S. 359 vgl. S. 353).

werden. In beiden Fällen endlich haben sich die meisten literarischen Gegner Maria's um die Echtheit und den Inhalt der angeblichen Beweisstellen, d. h. um die Hauptfrage in dieser Controverse, so gut wie gar nicht gekümmert, nichtsdestoweniger aber die Schuld Maria's mit grosser Zuversicht behauptet.²)

Kann aber die Untersuchung bez. der Kassettenbriefe — Dank der glücklichen Initiative, die Harry Bresslau gegeben hat — bis zu einem gewissen Grade und nicht zu Ungunsten Maria's jetzt als abgeschlossen gelten, so ist zur Entscheidung über die Echtheit der Babingtonbriefe kaum schon der erste Schritt gethan. Der Grund hievon ist leicht einzusehen. Während wir nämlich wenigstens von einigen der ersteren officielle Abschriften des Originaltextes in französischer Sprache, in welcher sie Maria eigenhändig schrieb, besitzen,³) während uns fast alle Akten jenes Processes, in welchem die gen. Briefe mit vielen anderen Dokumenten vorgelegt wurden, im Original erhalten sind⁴) und daher die Prüfung der „Beweise" auch uns Epigonen, die kein Sonderinteresse an der Sache haben, ermöglicht ist, steht der Geschichtsforscher dem Babingtonprocesse gegenüber geradezu rathlos da. Nicht ein einziges Aktenstück, das in der Hauptfrage beweiskräftig wäre, ist uns im Originale erhalten, sondern wir sind sowohl in Bezug auf den Gang des Processes gegen Babington und seine Complicen, wie auch in

---

2) Nur William Robertson — freilich eine **gewichtige Autorität** — macht hier eine rühmliche Ausnahme, indem er in seiner Geschichte Schottlands das willkürliche Verfahren im letzten Prozesse gegen Maria, zumal in Anbetracht der Dürftigkeit der gegen sie vorgebrachten „Beweise", scharf rügt.

3) s. m. Tageb. I S. 13 u. S. 62 f.

4) s. m. W.: Maria Stuart und ihre Ankläger zu York, Westminster und Hamptoncourt Oktober 1568 — Januar 1569. München 1884. Lindauer (vgl. Vorr. p. IV u. S. 9).

Bezug auf die Verhandlungen gegen Maria zu Fotheringay und in der Sternkammer lediglich auf secundäre Quellen, wie auf den höchst unzuverlässigen Bericht in Howell's State Trials I S. 1127 f. (1809), auf Camden's Annales (London 1615) I S. 417 f. und ein Protokoll, das in Abschrift unter den Hardwicke-Papers erhalten ist (s. Lord Hardwicke's Miscellaneous State Papers London 1778 vol. I S. 224 f.) bis jetzt wenigstens angewiesen. Was endlich die Correspondenz Maria's mit Babington betrifft, so besitzen wir einerseits nur Abschriften des von Thomas Philipps, dem Agenten Walsingham's, entzifferten Textes der (verlornen) chiffrirten Depeschen Curle's und Babington's in englischer, andrerseits Rückübersetzungen dieser Entzifferungen in französischer Sprache,[5]) noch dazu ohne officielle Beglaubigung.[6])

---

5) Von sämmtlichen vier Briefen sind je drei englische Copien und je eine französische Uebersetzung im Londoner Staatsarchiv erhalten, vgl. State Papers, Mary Queen of Scots vol. 18 no. 52—54 (Copien von Brief III in der von Bresslau, der die englischen Texte a. a. O. S. 311 f. zum erstenmale veröffentlicht hat, beobachteten Reihenfolge); vol. 19 no. 10—12 (Copien von Brief I, II, IV); die französische Rückübersetzung von Brief III ibid. vol. 18 no. 51 (gedr. bei Labanoff VI S. 385 f., der S. 398 A. 1 noch drei weitere Copien dieses Briefes im Britischen Museum und eine vierte in der Bibliothèque royale zu Paris namhaft macht); die von Brief I, II, IV ibid. vol. 19 no. 9 (Brief I gedruckt bei Laban. VI S. 345 f.), s. Bresslau a. a. O. S. 275 f.

6) Ich meine eine amtliche Beglaubigung, welche die Richtigkeit der von Philipps vorgenommenen Entzifferung und deren wörtliche Uebereinstimmung mit den chiffrirten Depeschen Curle's und Babington's bestätigte. Statt dessen tragen die englischen Copien nur Indorsationen von Philipps' Hand, die Bresslau merkwürdiger Weise gar nicht mittheilt, so dass es schwer ist zu entscheiden, ob eine der Copien und welche von den Copien die Originalentzifferung des gen. englischen Agenten ist.

Die einzige von Burghley, Shrewsbury, Hunsdon, Cobham und Walsingham attestirte Entzifferung von Philipps, welche Hosack in den gen. zwei Bänden der State Papers fand, ist die Copie eines

Trotz dieses offenkundigen Mangels aller zureichenden Dokumente, trotz des Fehlens einer aktenmässigen Darstellung wagt es Harry Bresslau, nicht gewitzigt durch seine schlimmen Erfahrungen in puncto Kassettenbriefe, am Schlusse seiner oben citirten Abhandlung (S. 288 f.) schon jetzt mit einer an „Gewissheit grenzenden Wahrscheinlichkeit" zu behaupten: „dass die Schottenkönigin um den Mordplan Babington's gewusst hat, und dass sie, die dies fast bis zu ihrem Gange auf das Schaffot mit feierlichen Betheuerungen geleugnet hat, mit einer Lüge auf den Lippen vor ihren himmlischen Richter getreten ist." [7])

Es ist der Mühe werth, Harry Bresslau's Argumentirung näher zu beleuchten, ehe wir in einer später erscheinenden Brochüre zur Untersuchung der gen. Briefe selbst schreiten.

Briefes von Morgan an Maria, datirt 9. Juli, der aber keine Anspielung auf Babington's Complot enthält, s. Hosack II S. 390 A.

Nicht einmal die Originale der durch Elisabeths Abgesandten Wotton (welcher London schon am 4./14. Okt. 1586, also noch vor Maria's Vernehmung! verliess) dem französischen Hofe überbrachten zehn Piecen mit den authentischen Unterschriften von Burghley, Shrewsbury, Derby, Howard, Hunsdon, Cobham, Croft und Walsingham — welche nur bezeugen konnten und sollten, dass die nach Frankreich gesandten Copien getreue Abschriften der durch Babington, Nau, Curle unterzeichneten (nachträglich gefälschten?) Copien seien — sind bis jetzt aufgefunden oder wenigstens publicirt worden; nur eine Abschrift derselben befindet sich unter den Hamilton-Papers (h. in Berlin) s. Bresslau S. 286; über die Unterschriften vgl. Mendoza's Schreiben an Philipp II. vom 8. Nov. 1586 bei Teulet, Relations V S. 421.

7) Heisst das nicht auch, der todten Maria „noch im Grabe einen moralischen Fusstritt versetzen"; vgl. eine ähnliche schroffe Aeusserung Bresslau's über Maria im Raumer'schen Taschenbuch Jahrg. 1882 S. 74 f.

„Was wir von den Briefen besitzen" sagt der Berliner Professor a. a. O. S. 275 „sind lediglich Abschriften" (und, füge ich bei, noch dazu nichtofficielle). „Die Originale selbst waren in englischer Sprache abgefasst und chiffrirt versandt worden." Es muss hier bemerkt werden, dass Bresslau an dieser Stelle das Wort „Original" in weiterem Sinne, als gewöhnlich, gebraucht hat. Um Maria's Schuld strikt zu beweisen, hätte man Maria's eigene Handschrift beim Processe vorweisen müssen. Aber die Schottenkönigin, welche es unter ihrer Würde hielt „den Schreiber zu machen",[8]) hatte sich begnügt, für die Antwort an Babington vom 17./27. Juli 1586 — den einzigen Brief Maria's, der bei der Schuldfrage (Billigung des Attentats auf das Leben der Elisabeth) überhaupt in Betracht kommt [9]) — einen eigen-

---

[8] s. Howell State Trials I S. 1170 (nach Camden): For it stood not, said she, with her royal dignity, to play the scrivener. Sie beschränkte sich meist darauf, den von ihren Sekretären nach ihrer Anleitung verfassten und niedergeschriebenen Briefen ihre Unterschrift mit eigener Hand beizufügen. In den zahlreichen chiffrirten Briefen Maria's fehlte natürlich auch diese, da für die einzelnen Personen vielmehr bestimmte Zeichen gewählt waren; für Maria selbst eine Art Ө (s. Gifford's Brief vom 11./21. Juli 1586 bei Hosack II S. 602 f.), für Babington ein X förmiges Zeichen (s. Curle's Brief an ff = Gifford-Barnaby vom 12./22. Juli bei Tytler VIII S. 322 vgl. S. 449 A. 1) etc. Dies hinderte Philipps freilich nicht, die Namen ohne weiteres voll auszuschreiben. (!)

[9] Der erste Brief Maria's an Babington vom $\frac{25.\ \text{Juni}}{5.\ \text{Juli}}$ 1586, welchen Curle — ohne Betheiligung Nau's — nach einem Entwurf, den Morgan mit Brief vom 9. Mai (vgl. über diesen Laban. VI S. 344 A. 2) der Schottenkönigin übersandt und Maria Wort für Wort in's Französische übertragen hatte, in's Englische übersetzte (s. u. N. 6) und chiffrirte (vgl. Curle's Atteste vom 2. und 5. Sept. bei Laban. VI S. 346; Nau's Memoire vom 10. Sept. bei Laban. VII S. 208 f.; Curle's letzte Erklärung vom 6. Aug. 1587 bei Lingard VI S. 703) ist, wie Bresslau a. u. O. S. 273 zugibt „ohne jeden compromittirenden Inhalt" und hatte nur den Zweck, die seit zwei Jahren unterbrochene

händigen Entwurf in französischer Sprache schriftlich abzufassen, den Claude Nau, ihr erster Sekretär, ein Franzose von Geburt, weiter ausführte und dann, da er des Englischen, wie Maria,[10]) unkundig war, dem Schotten Gilbert Curle zur Uebersetzung in's Englische und zur Chiffrirung übergab.[11]) Trotz Beschlagnahme aller Papiere Maria's zu Chartley[12]) und trotz der sorgfältigsten Nachforschungen ge-

---

Correspondenz mit diesem Edelmanne wieder einzuleiten. — Für das, was Babington (oder ein anderer ihrer Freunde) an Maria schrieb, kann die Schottenkönigin nicht verantworlich gemacht werden. Der zweite Brief Babington's vom 3./13. Aug. gelangte überdies wohl gar nicht mehr in Maria's Hände, da Gifford schon am 21./31. Juli nach Frankreich entwichen war und am 4./14. Aug. Ballard bereits verhaftet und Babington unter strenge Aufsicht gestellt wurde. Damit hörte auch Walsingham auf, die Farce des Brieftransportes weiterzuspielen.

10) Eine Probe ihrer mangelhaften Kenntnis des Englischen bei Laban. II S. 173 f.; andrerseits war die Kenntnis des Französischen am englischen Hofe keineswegs allgemein verbreitet, vielmehr forderte einer der Räthe Nau auf, lieber Italienisch zu sprechen s. Lingard VI S. 703.

11) S. Nau's Erklärung vom 3. Sept. bei Tytler VIII S. 444 A. 2 und Curle's Atteste vom 5. Sept. bei Laban. VI S. 395 und Bresslau a. a. O. S. 284 A. 4; Brief Cecil's an Walsingham vom 8. Sept. bei Lingard VI S. 700; Nau's und Curle's Verhör vom 21. Sept. Howell, State Trials I S. 1219 f.; Nau's Memoire vom 10. Sept. bei Laban. VII S. 208; über sein Geständnis vom 5. Sept. vgl. Tytler VIII S. 345, Howell, State Trials I S. 1218.

12) Bekanntlich lud Paulet Maria am 8./18. August zu einer „Hirschjagd nach Tixall" ein. Kaum war sie aber eine Strecke weit geritten, als ihr Sir Thomas Gorges an der Spitze von Bewaffneten entgegenkam und ihr erklärte, es sei Befehl I. M. der Königin von England, dass ihre Diener Nau, Curle, Pasquier von ihr getrennt würden, und wirklich wurden diese alsbald, ohne von ihr Abschied nehmen zu können, verhaftet und nach London verbracht. Während Maria im Schlosse von Tixall internirt wurde, erbrach Sir William Wade zu Chartley ihre Kästen und bemächtigte sich ihrer sämmtlichen Papiere und Briefschaften und packte sie in Koffer

lang es Walsingham **nicht**, jenes eigenhändigen Entwurfes der Schottenkönigin habhaft zu werden.[13]) Auch Nau's französisches Concept, sowie Curle's englische Uebersetzung desselben waren längst ein Raub der Flammen geworden und alles, was die englischen Häscher erlangen konnten, war laut zweier Schreiben von Philipps an Cecil vom 4./14. Sept. 1586 bei Tytler VIII S. 447 f. und 449 f. (vgl. dazu das obenerwähnte Protokoll der Verhandlungen in der Sternkammer 25. Oktober, Howell, State Trials I S. 1219 f. und Curle's Erklärung vom 6. Aug. 1587, bei Lingard VI S. 703, deutsch in Fr. v. Raumer's Buch: Die Königinnen Elisabeth und Maria Stuart. Leipzig 1836 S. 445 f.):

1) Nau's eigenhändiges französisches Concept des Briefes der Schottenkönigin an Charles Paget vom 17./27. Juli 1586, beginnend mit den Worten: „Sur le retour de Hallard" etc. bezeichnet von Philipps mit dem Buchstaben K.

Dasselbe auf Englisch in Curle's Hand, bezeichnet D.[14])

2) Nau's eigenhändiges französisches Concept des Briefes der Schottenkönigin an den Erzbischof von Glasgow vom gl. D. bezeichnet L.[15])

(nach Mendoza bei Teulet V S. 422 waren deren nicht weniger als zwölf), die versiegelt nach London gebracht und in Gegenwart von Elisabeth und sechs Räthen geöffnet wurden. Am $\frac{27.\ \text{Aug.}}{6.\ \text{Sept.}}$ führte Paulet Maria wieder nach Chartley zurück. Am 10./20. Sept. nahm man auch noch fast ihren ganzen Baarvorrath (bis auf 3 £ s. Lingard VI S. 434 A. 1).

13) S. Walsingham's Brief an Philipps vom 4./14. Sept. bei Tytler VIII S. 446 und Waad's Brief an Philipps vom 7./17. Sept. ibid. S. 444 A. 1.

14) Beide, versehen mit den eigenhändigen Attesten Nau's und Curle's, im Archiv der Sternkammer? Der englische Text des ganzen Briefes ist (nach der Originalentzifferung durch Philipps im Britischen Museum) gedruckt bei Laban. VI S. 400 f.

15) Versehen mit dem eigenhändigen Attest von Nau im Archiv

3) Nau's eigenhändiges französisches Concept des Briefes der Schottenkönigin an Mendoza vom gl. D. bezeichnet F.[16]

4) Curle's eigenhändige englische Uebersetzung des (von Nau abgefassten) Briefes der Schottenkönigin an Lord Paget vom gl. D. bezeichnet O. Nau's eigenhändiger französischer Entwurf des genannten Briefes, ohne Marke.[17]

5) Curle's eigenhändige englische Uebersetzung des Briefes der Schottenkönigin an Sir Francis Englefield vom gl. D. bezeichnet E.[18]

6) Curle's eigenhändige englische Uebersetzung des ersten Briefes der Schottenkönigin an Anthony Babington vom $\frac{25.\ \text{Juni}}{5.\ \text{Juli}}$ 1586[19]) und sein Begleitschreiben an ff = Gifford-Barnaby vom gl. D. (im Original),[20] beide bezeichnet B.

---

der Sternkammer? Der ganze Brief ist (nach einer gleichzeitigen Copie im State Paper Office) gedruckt bei Laban. VI S. 413 f.

16) Versehen mit dem eigenhändigen Attest von Nau im Archiv der Sternkammer? Der ganze Brief ist (nach der Originalentzifferung von Philipps im State Paper Office) gedruckt bei Laban. VI S. 432 f.

17) Beide, versehen mit den eigenhändigen Attesten Nau's und Curle's, im Archiv der Sternkammer? Dieser Brief fehlt bei Labanoff vgl. über seinen Inhalt Howell, State Trials I S. 1222 f.

18) Versehen mit dem eigenhändigen Attest von Curle im Archiv der Sternkammer? Der ganze Brief ist (nach der Originalentzifferung von Philipps im State Paper Office) gedruckt bei Laban. VI S. 406 f.

19) Versehen mit den eigenhändigen Attesten Curle's und Babington's im Archiv der Sternkammer? Der Brief ist (nach der Entzifferung von Philipps im State Paper Office) gedruckt bei Bresslau a. a. O. S. 311; die französische Rückübersetzung mit den in's französische übertragenen Attesten der beiden obengenannten (im State Paper Office) gedruckt bei Laban. VI S. 345 f.

20) Dieses Begleitschreiben ist (nach dem chiffrirten Original im State Paper Office) gedruckt bei Tytler VIII S. 311 f. vgl. ibid. S. 312 A. 1 über das falsche Datum desselben Samstag 4. — statt 5. — Juli.

7) Curle's eigenhändige englische Uebersetzung des Briefes von Nau an Babington vom 13./23. Juli, Poley betreffend, bezeichnet P.[21])

8) Curle's eigenhändiges Begleitschreiben zum zweiten Briefe der Schottenkönigin an Babington vom 17./27. Juli, gerichtet an ff = Gifford-Barnaby, bezeichnet A.[22])

9) Nau's eigenhändiges Chiffre-Alphabet,[23]) das in Abschrift dem letztgenannten Briefe an Babington beigelegt wurde.

10) Nau's eigenhändige „heads of that bloody letter sent to Babington" (am 17./27. Juli).[24])

21) Im Archiv der Sternkammer? Der Brief ist (nach der Originalentzifferung von Philipps im State Paper Office) theilweise gedruckt bei Tytler VIII S. 316.

22) Dieses Begleitschreiben ist (nach dem chiffrirten Original im State Paper Office) theilweise gedruckt bei Tytler VIII S. 322, wo auch ein anderes in der Originalchiffre erhaltenes Schreiben Curle's an Gifford vom 12./22. Juli angeführt wird; vgl. noch Bresslau a. a. O. S. 283 A. 2 und Hosack II S. 369 A. 1 (Schreiben vom $\frac{28.\text{Juli}}{7.\text{Aug.}}$).

23) Dieses (Doppel-)Alphabet ist im Original, mit der Unterschrift Babington's vom 20. Sept. — kurz vor seiner Hinrichtung — und den Attesten von Popham, Egerton, Hunsdon, Knollys und anderen versehen, im State Paper Office erhalten s. Hosack II S. 402 A. 1 vgl. Howell, State Trials I S. 1218. — Ein Beispiel eines solchen Doppelalphabets mit Schlüssel s. bei Hosack II S. 506.

24) Diese „heads" sind (nach dem Original im State Paper Office) gedruckt bei Lingard VI S. 698 und lauten folgendermassen:

Secours de dehors — Forces dans le pays — Armée d'Espagne au retour des Indes — Armée de France au mesme temps, si la paix se faict — Guise, s'il ne passe, tiendra la France occupée — De Flandres de mesme — Ecosse au mesme temps — Coup — Sortie; vgl. Howell, State Trials I S. 1219, wonach das Wort „coup", welches jeder Art Handstreich bedeuten kann (den Beginn der fremden Invasion, den Aufstand der Freunde Maria's in England, Schottland und Irland, den plötzlichen Ueberfall Chartley's etc.) von den englischen Commissären willkürlich auf den „blow or stroke for killing

Der Leser sieht, dass gerade die für uns wichtigsten Schriftstücke (Brief II und III) darunter fehlen. Weder von den Concepten derselben, noch von den chiffrirten Depeschen, deren Vorlage und genaue Vergleichung mit den Entzifferungen von Philipps beim Process zur Verurtheilung Maria's unumgänglich nöthig war, hat sich bis auf den heutigen Tag auch nur eine Zeile vorgefunden[25]) (auch im obengen.

---

of her majesty (Elisabeth) ausgelegt wurde! (ähnlich schon Philipps in dem zweiten der genannten Briefe an Cecil s. Tytler VIII S. 450). Mit Recht bemerkt Lingard zu diesem Schriftstück a. a. O.: This minute seems to be a collection of subjects which the queen meant to discuss in a letter, or of points, which she had selected for subsequent consideration. There is hardly one of them on which she does not give an opinion in one or other of her letters written at this time; and yet there is not a single letter in which the greater part of them is even mentioned. For that reason they cannot be the minute of the letter to Babington.

Alle vorgenannten Schriftstücke wurden mit den erwähnten Attesten zu Fotheringay und in der Sternkammer beim Prozesse vorgelegt und von Nau und Curle nochmals am 25. Oktober in Gegenwart der englichen Commissäre anerkannt.

25) Auf der Rückseite der (oben A. 20 erwähnten) Originalchiffre Curle's vom $\frac{25.\text{ Juni}}{5.\text{ Juli}}$ befindet sich eine Copie der Chiffern des gleichzeitigen Briefes der Maria an Babington, welche wahrscheinlich von Gilbert Gifford's Hand herrührt; das Datum ist hier — wie in Bresslau's Text — auf den alten Stil reduzirt (während Maria und ihre Sekretäre dem vor Kurzem — seit 5./15. Okt. 1582 — eingeführten Gregorianischen Stile folgten) s. Tytler VIII S. 313 A. 1. Das famose chiffrirte Postscript zum zweiten Briefe an Babington, welches schon Camden I S. 408 erwähnt, und von Tytler VIII S. 326 f. zum erstenmal nach dem Original im St. P. O., Mary Q. of Scots vol. 18 no. 55 veröffentlicht worden ist, rührt augenscheinlich nicht von Curle's, sondern vermuthlich von Philipps' Hand her, dessen Dorsualnotiz es trägt s. Hosack II S. 369 A. Bresslau hat es a. a. O. S. 289 ebenfalls abgedruckt. Wenn er freilich den höchst auffälligen Umstand, dass dasselbe, obwohl schwer gravirend, nirgends im Process erwähnt wird, damit zu erklären sucht „weil es nicht abgeschickt,

Protokoll geschieht davon keine Erwähnung). Alles, was mithin damals als Beweismaterial vorlag und heute vorliegt, waren Entzifferungen des gen. englischen Agenten, der sich selbst später offen als Fälscher von Schriftstücken bekannt hat.[26] Merkwürdiger Weise tragen nicht einmal diese,

vielleicht nicht von Maria gutgeheissen war", so bedarf es wohl keiner Bekräftigung, dass derartige moralische Bedenken einen Walsingham jedenfalls nicht von der Vorlage zurückgeschreckt haben würden.

Es lautet folgendermassen: Ich (Maria? oder Curle?) wäre froh, Namen und Stand der sechs Edelleute, welche den Plan (der Ermordung Elisabeth's) ausführen werden, zu erfahren, damit ich Euch nach (erlangter) Kenntnis der Parteien (noch) einen weiteren nothwendig hierin zu befolgenden Rath geben kann — Man denke Maria oder Curle, seit neunzehn Jahren gefangen, wollen auf den blossen Namen von Personen hin, die ihnen völlig unbekannt sind, behufs des Attentats einen Rath ertheilen!! — [und ebenso wünsche ich bekannt zu werden mit den Namen aller solcher Hauptpersonen, sowohl derer, welche bereits (eingeweiht) sind, als auch, welche]*) als auch von Zeit zu Zeit, im Einzelnen: wie Ihr vorgeht; und, sobald als Ihr könnt, zu demselben Zweck: welche bereits und wie weit ein jeder hierin eingeweiht ist.

26) S. Philipps' Brief an den Grafen von Salisbury vom 29. April 1606 (Original im State Paper Office) gedruckt bei Tytler VIII S. 440 A. 2; vgl. auch Gifford's charakteristische Aufforderung in einem Brief an Philipps (geschrieben nach seiner Flucht nach Frankreich am 21./31. Juli 1586): feign his hand to me. His name was Pietro Maria. Write by the name of Pietro Maria, discoursing of the whole success etc. (bei Hosack II S. 377).

*) Die in eckigen Klammern befindliche Stelle ist im Original ausgestrichen. Die Nichtverwendung dieses Schriftstücks als evidenten Beweis gegen Maria ist ein schwerwiegender Verdachtsgrund gegen die Echtheit desselben. Ist aber dieses gefälscht, so war es auch nicht schwierig, einzelne Zeilen in die Briefe selbst nachträglich einzuschalten, in welchen die „sechs Edelleute" eine wichtige Rolle spielen. Man vergegenwärtige sich hiebei die Worte Bresslau's a. a. O. S. 272: „Es kann nicht geleugnet werden, dass Walsingham und seine Helfershelfer das grösste Interesse daran hatten, Maria nicht nur als Mitwisserin des Invasionsplanes im allgemeinen, sondern besonders als einverstanden mit dem Attentat gegen das Leben Elisaboth's zu überführen, da nur in dem letzteren Fall ein peinliches Vorgehen gegen die Königin von Schottland, wie sie es wünschten, wenigstens bis zu einem gewissen Grade zu rechtfertigen war."

sondern — soviel wir bis jetzt wissen — nur die auf Befehl der englischen Commissäre (durch Philipps?) veranstalteten Rückübersetzungen jener Entzifferungen in die französische Sprache die Atteste Babington's, Nau's und Curle's in französischer Sprache.[27]) Welcher Werth kann aber solchen Schriftstücken beigelegt werden, nachdem feststeht, dass Maria's Originalentwurf inzwischen fünfmal[28]) seine Ge-

---

27) Ueber diese Atteste, die nur in Copien erhalten sind, vgl. Laban. S. 346 u. 394 f. Bresslau a. a. O. S. 284 A. 4 Hosack II S. 390 A. 1. Die Unterschrift Babington's unter Brief III war nach Lingard VI S. 701 ursprünglich in englischer Sprache abgefasst und lautete folgendermassen: „This is the very trewe copie of ye Queenes letter last sent unto me, Anty Bab". Nach dem Hardwicke-Protokoll (s. Howell a. a. O. S. 1217) hatte Babington die ihm vorgelegten Copien der beiden langen Briefe sorgfältig durchgelesen, misverstandene Stellen darin auscorrigirt und jede Seite eigenhändig mit seinem Namen unterschrieben. Bevor diese Dokumente nicht aus dem Archiv der Sternkammer an's Licht gezogen werden, ist jede weitere Untersuchung überflüssig. Wie wenig scrupulös Cecil bei der Unterzeichnung war, zeigt schlagend der Umstand, dass er nicht Philipps' Originalentzifferung von Maria's Brief an Paget vom 20. Mai, sondern eine Copie derselben, in welcher der auf Poley und Blunt, die beiden englischen Agenten, bezügliche Passus unterdrückt war, mit andern Worten eine gefälschte Copie, durch Curle am 2. Sept. 1586 eigenhändig attestiren liess, s. Laban. VI S. 322 und S. 320, Hardwicke State-Papers I S. 218 f.; eine Originalattestation von Nau wohl aus derselben Zeit trägt ein (von Nau eigenhändig geschriebener) Brief Maria's an Fontenay (Bruder Nau's) vom 5. Jan. 1585 s. Laban. VI S. 81.

28) 1) Maria's Originalentwurf wurde von Nau französisch weiter ausgeführt. 2) Nau's französisches Concept von Curle in's Englische übertragen. 3) Curle's englische Uebersetzung von Curle in Chiffren gebracht. 4) Curle's Chiffren von Philipps entziffert. 5) Philipps' Entzifferung (von Philipps?) in's Französische rückübersetzt.

Nau konnte Maria misverstehen, Curle Nau's Concept falsch übersetzen und bei der Chiffrirung, wie Philipps bei der Dechiffrirung, Verstösse begehen (vgl. die oben A. 27 angeführte Stelle des Hardwickeprotokolls) etc. etc. — Hiebei wird vorausgesetzt, dass Nau und

stalt verändert hatte, zumal wenn man bedenkt, dass Aenderungen des Wortlauts, Rasuren, Interpolationen, mit einem Wort Fälschungen, auch noch nach der Unterzeichnung durch die obengenannten stattfinden konnten. Mit Recht lehnt es daher Bresslau (S. 277) ab, aus dem Stile und der Sprache dieser Briefe irgendwelche Schlüsse zu ziehen und er sieht sich darum nach anderen „Beweisen" um. Da aber begründete Einwände gegen die Echtheit gewisser Stellen der gen. Briefe — denn nur die Echtheit einzelner Sätze, nicht die des Ganzen ist bestritten — von achtbaren Forschern erhoben worden waren, sucht er erst diesen zu begegnen.

Hatte Lingard VI S. 702 (ihm folgt Hosack II S. 364)· in dem Inhalt des Briefes III einen unlösbaren Widerspruch zu entdecken geglaubt (da Maria, nachdem sie von der ihrer Befreiung vorausgehenden[29]) Ermordung Elisabeths gesprochen habe, unmöglich den Fall einer Wiedereinfangung und nachträglichen schlimmen Behandlung durch die — todte — Königin s. u. ernstlich in's Auge fassen könne), so sagt dagegen Bresslau a. a. O. S. 279: „Alles ist in schönster Uebereinstimmung. Babington hat daran gedacht, das ganze Unternehmen mit dem Befreiungsversuch Maria's beginnen zu lassen; sie selbst will, dass der letztere erst nach den

---

Curle rechtschaffene Männer waren und sich keine Pflichtverletzung gegen Maria zu schulden kommen liessen. Anders steht die Sache mit Philipps s. o. A. 26.

29) S. Brief III bei Bresslau a. a. O. S. 315 then (nach geschehener Rüstung) shall it be fit to set the six gentlemen to work, taking order, upon the accomplishment of their design (d. i. nach der Ermordung Elisabeth's), I may be suddenly transported out of this place. Demnach kann auch die Stelle w. u.: for so soon as the said design shall be executed to come etc. nur übersetzt werden: um, sobald als die gen. Absicht (das Attentat) ausgeführt sein wird vgl. die französische Uebersetzung bei Laban. VI S. 389 pour donner adviś en toute diligence du succez dudict desseing, aussytost qu'il sera effectué.

Rüstungen und zugleich mit oder nach dem Attentat vorgenommen werde, und sie motivirt diese Anordnung mit den Gefahren, denen sie im Fall eines anderen Vorgehens ausgesetzt sein würde." Dabei übergeht Bresslau freilich mit Stillschweigen, dass gerade in der den Ausschlag gebenden Stelle des Briefes von dem „Attentat" mit keiner Silbe die Rede ist. Die Stelle lautet nach dem von Bresslau a. a. O. S. 315 f. gegebenen Text also:

Dies ist der Plan, welchen ich (Maria) für diese Unternehmung für den besten erachte, und die Reihenfolge, in der Ihr (Babington) dieselbe zu unserer gemeinsamen Sicherheit ausführen sollt; denn, Euch diesseits erheben, ehe Ihr ausreichender fremder Hülfe genügend versichert seid, hiesse nur, Euch um nichts in die Gefahr bringen, dem traurigen Schicksal derer zu folgen, die früher bei gleichen Anlässen sich bemüht haben; und mich von diesem Platz (Chartley) entführen, ehe Ihr wohl versichert seid, mich in die Mitte einer guten Armee oder in eine sehr starke Festung zu bringen, wo ich wohlbehalten die Ansammlung Eurer Truppenmacht und die Ankunft des erwähnten fremden Sukkurses abwarten kann, hiesse, jener Königin hinreichende Veranlassung geben, mich, indem sie mich wieder einfängt, für immer in irgend ein Loch einzuschliessen, aus dem ich nie wieder entkäme, wenn sie mich nicht noch schlechter behandelte (d. i. tödtete), und mit äusserster Strenge jene zu verfolgen, welche mir beigestanden haben, was mich noch mehr grämen würde, als all das Unglück, welches auf mich selbst fallen dürfte."

Wäre Bresslau's Voraussetzung der Echtheit der von Lingard u. a. angefochtenen Stellen und sein Gedankengang richtig, so müsste nothwendig an Stelle der oben gesperrt gedruckten Worte der Satz folgen: ehe Ihr versichert seid, dass die englische Königin getödtet ist.

Dies verlangt die Logik des gesunden Menschenverstands.[30]) Gerade das Fehlen dieses Sätzchens an der entscheidendsten Stelle des Briefes beweist, dass die aus einzelnen Zeilen bestehenden dunklen Anspielungen auf das Attentat eben nur Einschiebsel sind, und deren Elimination durch Labanoff, welche auch Lingard und Hosack (s. A. 1) acceptirt haben, ist glänzend gerechtfertigt.

Mit Recht hatte Hosack II S. 350 des weiteren eingewendet, dass es von Babington's Seite thöricht gewesen wäre, Maria in das Geheimnis des geplanten Attentats auf das Leben der Elisabeth einzuweihen. Wurde doch dadurch nur die Gefahr der Entdeckung vergrössert, während die gefangene Schottenkönigin ihrerseits diesen Plan in keiner Weise fördern konnte. Bresslau antwortet darauf (a. a. O. S. 280) mit Berufung auf den Brief Gilbert Giffords an Walsingham vom 11./21. Juli (gedruckt bei Hosack II S. 602 f.), worin nicht Babington's, sondern Ballard's Meinung und Gespräch angeführt wird, noch dazu von dem Attentat keine ausdrückliche Erwähnung geschieht.[31]) Was die von Bresslau des

---

30) Dies entging auch der Aufmerksamkeit Walsingham's nicht. Er instruirte daher den Sergeant Puckering dahin, die Stelle so auszulegen: Maria verbiete jeden Befreiungsversuch „before eyther (!) they had a stronge armie in readyness to place her in, or they had dispatched her majestic, and then (said she) if that queene take me agayne I shall be for ever inclosed in a hole, if she use me no worse" (sic!).

31) Ballard spricht nur ganz allgemein davon, dass die englischen Katholiken (these men) — die gar nicht näher bezeichnet sind — ohne Maria's Zustimmung mit Brief und Siegel nicht auf ihn hören wollen. Er denkt dabei vornehmlich an den bewaffneten Aufstand im Innern, um dessenwillen er noch kurz vorher England und Schottland bereist hatte (s. sein detaillirtes Verzeichnis der Parteien in den einzelnen Provinzen, welches er Mendoza übergab, bei Teulet, Relations V S. 381 f.). Denn, was das Attentat anbelangt, so war der Plan dazu von John Savage schon seit Jahresfrist, als er noch auf dem Continent weilte, und lange, ehe er mit Ballard und

weiteren citirte Stelle des Babingtonbriefes betrifft, so ist diese schon darum verdächtig, weil die Verschwornen fast sämmtlich aus wohlhabenden und angesehenen Familien stammten und noch auf dem Schaffot kurz vor der Hinrichtung betheuerten, dass nicht weltlicher Eigennutz sie zu diesem Unternehmen angetrieben habe.[32]) Maria's Worte endlich, in welchen sie ihre Mithülfe (zum Attentat!) verspricht, werden wohl richtiger von ihrer Mitwirkung zur Förderung der Invasion (durch einen Brief an Mendoza) und zum Gelingen des Befreiungversuches verstanden und sind demgemäss nicht auf die Attentäter im besondern, vielmehr auf ihre englischen Parteigänger überhaupt (Babington's „principal friends on this side") zu beziehen s. Lingard VI S. 419 A. 1. (Bekanntlich ist in keinem einzigen der gleichzeitigen Briefe Maria's an Morgan,

Babington bekannt wurde (Frühjahr 1586), auf eigne Gefahr gefasst worden und er bestand hartnäckig darauf, das, was er geschworen habe, allein auszuführen (s. sein eigenes Geständnis bei Howell a. a. O. S. 1130 f.). Die Befreiung Maria's endlich hatte Babington (laut Brief II Bresslau a. a. O. S. 313) auf sich genommen, dem sich Salisbury, Windsor u. a. anschlossen.

32) S. Howell a. a. O. S. 1156 f. Damit vergleiche man die angeblichen Worte Babington's in Brief II (Bresslau a. a. O. S. 313): Es erübrigt noch, dass entsprechend ihren (der sechs Attentäter) unendlich guten Verdiensten (!) und E. M. Güte ihr heroisches Wagnis (!) ehrenvoll in ihnen belohnt werde, wenn sie mit dem Leben davonkommen, oder in ihrer Nachkommenschaft. Weiter oben (ibid. S. 312) hatte er gesagt, dass alle geschworen hätten und nach erfolgter Zustimmung Maria's bereit seien, das hl. Sakrament darauf zu nehmen, entweder in der Sache der Kirche und l. M. zu siegen oder selig zu sterben. Dasselbe betheuerte er noch am 3./13. August s. Bresslau a. a. O. S. 318. Konnte nicht auch der Anschlag auf Chartley mislingen und setzten die zehn Edelleute, welche Babington dabei begleiten wollten (ibid. S. 313), nicht auch ihr Leben und ihre pecuniäre Existenz auf's Spiel? Wusste Babington ferner nicht, dass im Falle des Mislingens Maria's eigenes Leben auf's schlimmste bedroht war?

Paget, Mendoza — Freunde, vor welchen sie gewiss kein Geheimnis hatte — eine auch nur dunkle Andeutung des Attentats zu finden, obwohl dieselben ausführlich von der Invasion, Insurrektion und Maria's Befreiung handeln). Richtig dagegen ist, was Bresslau S. 281 f. gegen Lingard VI S. 696 f. und Hosack II S. 372 f. über die noch am 19./29. Juli erfolgte Aushändigung des Briefes III durch Philipps — nach vorheriger Entzifferung und Wiederversiegelung desselben — bemerkt. Wenn er freilich daraus die Folgerung zieht, „dass er (Philipps) ihn bis dahin weder gefälscht hatte, noch an eine Fälschung dachte: er hätte dann gewiss nicht wünschen können, dass das Original erhalten bleibe und im Prozess gegen Maria vorgelegt würde", so vergisst er, dass man ja auch das Original, zumal wenn es in Chiffren bestand, ohne Schwierigkeit noch nachträglich durch Hinzufügung einiger Zeichen mit bestimmtem Hinweis auf das Attentat fälschen konnte. Bei der Hast und Formlosigkeit, mit welcher in England damals Staatsprocesse gegen Hochverräther betrieben wurden, war eine Entdeckung des Betruges nicht zu fürchten.

Gehen wir nun zu Bresslau's „Beweisen" über. Es sind deren nur zwei und, wie ich zu zeigen hoffe, obendrein höchst anfechtbare. Bresslau betont nämlich:

1) S. 284 die Aussagen Nau's und Curle's, der beiden Sekretäre Maria's, die bekanntlich trotz des dringenden Begehrens der Schottenkönigin niemals mit Maria confrontirt wurden. „Am 5. und 6. September wurden den Sekretären die beiden Briefe selbst vorgelegt (gewiss! aber in welcher Gestalt?); durch ihre Unterschriften erkannten sie dieselben als echt an, ohne inbezug auf die als gefälscht bezeichneten Stellen (vorausgesetzt, dass diese schon damals darin enthalten waren) irgendwelchen Vorbehalt zu

machen. Es kann nicht im entferntesten die Rede davon sein, dass ein Zwang auf die Sekretäre diese Aussagen hervorgerufen hat."

Zweifelsohne wären die Zeugnisse (Babington's,) Nau's und Curle's von entscheidender Wichtigkeit, falls wir nämlich dieselben im Original besässen. Da sie aber bis jetzt nicht wieder an's Tageslicht gebracht wurden — sie sind wahrscheinlich unter den Akten der Sternkammer verborgen — so vermögen wir über das, was den Sekretären wirklich zur Unterzeichnung vorgelegt wurde, nicht zu urtheilen, und jede Discussion darüber muss daher bis auf weiteres als eine müssige betrachtet werden. Wie wenig der uns überlieferten französischen Rückübersetzung mit den Copien der Atteste Nau's und Curle's zu trauen ist, geht aus einem Schreiben hervor, welches Nau nach Unterzeichnung des „blutigen Briefes an Babington" (in der ihm vorgelegten Copie) unter dem Eindruck der Drohung Burghley's, man werde ihn in den Tower stecken (s. Bresslau S. 285 A. 1) am 10. September eigenhändig in flehendem Tone an Elisabeth richtete, s. Laban. VII S. 194 f. In dem darin eingeschlossenen Memoire sagt er wörtlich (ibid. S. 208): Als sie (Maria) sah, dass ihr hiedurch (durch Babington's Brief) ihr Entkommen angeboten und vorgeschlagen war, liess sie sich herbei, es anzunehmen und in der Folge davon Rathschläge wegen des fremden Sukkurses zu geben, ohne sich irgendwie in den dritten Punkt (das Attentat) einzumischen (sans se mesler aucunement du troisième poinct)."[33]) Stehen diese Worte nicht im schroffsten Widerspruch mit der wiederholten Erwähnung der „sechs

---

33) Noch in seiner an Jakob I. gerichteten Apologie vom 5. März 1605 nennt Nau: faulx les principaux chefs de l'accusation mise en avaunt contre sa majestie (Maria) et pour lesquels seuls on pouvoit prendre couleur ou pretexte de la condamner . . . . accusation faulse calomnieuse et supposée.

Edelleute" in den uns vorliegenden Copien der Briefe, in welchen Maria nicht nur nach den Mitteln fragt, mit welchen diese Edelleute vorgehen werden, sondern auch den Zeitpunkt für die Ausführung des Attentats (nach Vollendung der Rüstungen und Vorbereitung des Aufstandes im Innern) festsetzt und bestimmt, dass ·gleichzeitig oder richtiger unmittelbar nach dem Attentat (s. A. 29) ihre Befreiung erfolgen solle. (!) Sprach aber Nau in jenem Memoire die Unwahrheit, so wird man seinem Zeugnis überhaupt keinen Werth beilegen dürfen; über die Atteste der Lords vom geheimen Rath (Bresslau S. 285 f.) s. o. A. 6.

Uebrigens halte ich mit Bresslau (S. 286 f.) an der Ansicht fest, dass Nau und Curle, obwohl man ihnen tückischer Weise Straflosigkeit zusicherte, falls sie ihre Herrin belasten würden,[34]) und obwohl man sie mit Absicht am 21. September, d. h. Tags nachdem Babington und seine Genossen Ballard, Savage, Tichburne, Tilney, Barnewell, Abington unter schrecklichen Martern hingerichtet worden waren[35]) — wie Nau in seiner Apologie sagt: avant que l'on me fist jamais un seul interrogatoire — verhörte, nicht mehr gegen ihre Herrin aussagten, als gegen diese bewiesen werden konnte, vgl. ausser Cecil's Brief an Walsingham vom 8. September und dem (wohl gleichzeitigen) Brief Walsingham's an Curle

---

34) Cecil sagt in einem Briefe an Hatton vom 4. Sept., dass Nau und Curle Gnade versprochen werden solle: „that they wold yeld in ther wrytyng somewhat to confirm ther mystriss crymes; if they war persuaded that themselves might scape, and the blow fall upon ther Mrs. betwixt hir head and hir shoulders, surely we shuld have ye whole from hyr", s. Lingard VI S. 432 u. 698.

35) Sie wurden gehängt, noch lebend vom Galgen herabgenommen und nach Aufschneiden des Bauches lebend ausgeweidet(!); die sieben übrigen: Salisbury, Donne, Jones, Charnock, Travers, Gage und Bellamy liess man am 21. Sept. aus besonderer Gnade vorher am Galgen sterben, ehe dieselbe Prozedur an ihren Körpern vorgenommen ward.

(deutsch bei Raumer a. a. O. S. 449 und 448) und Walsingham's Brief an Philipps vom 4. September (bei Tytler VIII S. 446) noch Nau's Memoire vom 10. Sept. bei Laban. VII S. 197 f. (indorsirt von Cecil: Nau's long declaration of things of no importance, sent privately to her Majesty (s. Tytler VIII S. 346 A. 1) und die obenerwähnte Apologie vom 5. März 1605; Curle's Declaration vom 6. Aug. 1587 bei Lingard VI S. 703 f. und Erklärung auf dem Todbett ibid. S. 461 A. — Leider sind weder Nau's „Geständnis" vom 5. September 1586, noch sein und Curle's Verhör vom 21. September bisher veröffentlicht, s. über dieselben Tytler VIII S. 345, Howell a. a. O. S. 1218 und 1219 f., Lingard VI S. 701.

2) S. 288 eine Aeusserung Mendoza's in einem Briefe an Philipp II. vom 10. Sept. 1586 gedr. bei Teulet, Relations V S. 392: „La Reyna de Escocia me parece que devia de saber bien el negocio (das Attentat), por lo que se vee por una carta que me ha escrito." Wenn er aber derselben grosses Gewicht beilegt, so kann dies nur als ein bedauerlicher Misgriff seinerseits betrachtet werden. Die Voraussetzung nämlich, dass der von Mendoza angedeutete Brief Maria's „bis jetzt nicht wieder zu Tage gekommen ist", ist erweislich falsch. Es kann dieser Brief kein anderer sein, als derjenige, welchen Maria am 17./27. Juli zu schreiben anfing und erst am $\frac{23.\ \text{Juli}}{2.\ \text{Aug.}}$ vollendete (gedruckt nach der Original-Entzifferung von Philipps im State Paper Office bei Laban. VI S. 432 f.) und zwar aus folgenden Gründen:

1) Der gen. Brief konnte nur nach dem 12./22. Juli, an welchem Maria den Brief Babington's erhielt, wodurch sie in das Complot zum erstenmal (angeblich) eingeweiht wurde (s. Nau's Schreiben vom 13./23. Juli an Babington bei Tytler VIII S. 316 und Nau's Memoire bei Laban. VII S. 207 f.), und vor dem 8./18. August, an welchem Maria von

ihren Sekretären Nau und Curle getrennt und der Mittel zum Schreiben (Papier, Dinte, Feder) durch Paulet beraubt wurde (s. Lingard VI S. 425), verfasst sein.

2) Wäre ein weiterer (uns unbekannter) Brief an Mendoza in dieser Zeit abgegangen, so würde er sicher, wie jeder andere seit Januar 1586 (s. Laban. VI. Bd.), von den englischen Agenten aufgefangen und jedenfalls beim Process vorgelegt worden sein, zumal wenn er deutliche Anspielungen auf das Attentat enthielt.

3) Es ist an und für sich nicht wahrscheinlich, dass Maria vor dem Eintreffen einer Antwort Mendoza's auf den obenerwähnten Brief vom $\frac{23.\,\text{Juli}}{2.\,\text{Aug.}}$ eine weitere Depesche absandte; eine Antwort Mendoza's konnte aber vor dem 8./18. Aug. unmöglich anlangen, geschweige denn eine Rückantwort Maria's auf dieselbe am 10. Sept. (n. St.) bereits in Paris und in Mendoza's Händen sein.

4) Alle Briefe, welche Maria nach dem 8./18. Aug. an ihre Freunde sandte, mussten auf den geheimsten Wegen transportirt werden und sind erst nach ihrer Hinrichtung denselben ausgehändigt worden. Der letzte Brief Maria's an Mendoza vom 23. Nov. (bei Laban. VI S. 457 f.) wurde durch den Apotheker Gorion in einer Arzneiflasche versteckt und gelangte, da Maria's Diener nach deren Tod noch sechs Monate lang in Haft blieben, erst am 15. Oktober 1587 in die Hände Mendoza's (s. die Indorsation bei Laban. VI S. 461, Teulet, Relations V S. 502 vgl. ibid. S. 498, 508).

In dem obengen. Briefe Maria's an Mendoza 17./27. Juli und $\frac{23.\,\text{Juli}}{2.\,\text{Aug.}}$ aber wird man nicht die leiseste Anspielung auf das Attentat finden können, vielmehr ist darin — wie in allen gleichzeitigen Briefen — nur in ganz allgemeinen Ausdrücken von einem Plane, welchen Maria den Häuptern der englischen Katholiken (in ihrem zweiten Brief an Babington) übersandt habe, von der Nothwendigkeit der Sammlung genügender Streitkräfte, bevor sie selbst einen Fluchtversuch unternehmen wolle, die Rede. Die „armen englischen Edelleute" endlich, die sie am Schlusse des Briefes Mendoza empfiehlt, sind nicht etwa die Attentäter, sondern die in Paris lebenden Refugiés Morgan, Charles Arundel, Charles Paget etc., welche sie ihm auch in früheren Briefen dringend an's Herz gelegt hatte, s. Laban. VI S. 311 u. 353 vgl. Teulet Relations V S. 500, 503, 506.

So lösen sich alle diese (äusseren) Argumente Bresslau's in ihr Nichts auf und wir sind mithin zur Lösung der Frage der Echtheit, wie bei den Casettenbriefen, auf den Wortlaut der Briefe selbst angewiesen. Nur die genaueste Prüfung desselben und eine Vergleichung der übrigen gleichzeitigen Schreiben Maria's kann uns zu überzeugenden Resultaten führen, wie ich eine solche in meinem Werk: Maria's Briefwechsel mit Babington, das, so Gott will, in kurzer Frist im Druck erscheinen wird, unternommen habe. Ein zweites ebenfalls schon nahezu vollendetes Werk wird die Darstellung der gerichtlichen Verhandlung gegen Maria zu Fotheringay und in der Sternkammer nach dem vorhandenen Quellenmateriale enthalten.

Inhaltsverzeichnis.

	Seite
Widmung und Vorwort .	5
Rücklass der Maria Stuart:	
a) Die authentischen Porträte Maria Stuart's	9
Medaillen mit dem Bildnis der Maria Stuart .	19
b) Hausgeräth	23
c) Bücher	40
d) Handarbeiten Maria's	42
e) Ringe	47
Inventar der Werthgegenstände Maria's, Fotheringay 20. Febr. 1587	53
Liste der Diener und Dienerinnen Maria's, Chartley 29. Aug. 1586	59
Anhang: Litterarischer Nachlass der Schottenkönigin	
1) Fragmente eines Tagebuchs der M. St., Glasgow 23. bis 27. Jun. 1567	62
2) Zwei Briefe Maria's an den Grafen von Huntly, Bolton August 1568	79
3) Brief Maria's an den Erzbischof von Glasgow, Sheffield 2. Mai 1578	83
Schlusswort	85
Beilage: Der Briefwechsel zwischen Maria Stuart und Babington	93

Verzeichnis der Abbildungen.

1) Silbermünze mit dem Bild Maria's aus d. J. 1562 auf dem Titelblatt (aus G. Chalmers, Life of M. St. II S. 584) in Originalgrösse.
2) Das Mortonporträt vor dem Titelblatt (aus A. Strickland, Lives of the queens of Scotland VI vor dem Titelblatt).
3) Hochzeitsmedaille aus d. J. 1558 (aus Miss Strickland III S. 90) Avers und Revers S. 19 in Originalgrösse.
4) Hochzeitsmedaille aus d. J. 1565 (aus Chalmers II auf dem Titelblatt) Avers S. 20 in Originalgrösse.
5) Medaille von Primavera (aus Chalmers III vor dem Titelblatt) Avers S. 21 in Originalgrösse.
6) Maria's silberne Handglocke mit Monogramm und Diagramm S. 23 u. 24 (aus dem Catalog zu S. 170).
7) Maria's caudle-cup S. 25 (ibid.).
8) Ciborium Malcolm Canmore's S. 27 (aus dem Catalog zu S. 122).
9) Teppich Maria's zu Dalmahoyhouse S. 44 (aus Miss Strickland VI zu S. 32).
10) Siegelring Maria's im Britischen Museum (Stempel vergrössert) und dessen innere Ansicht (in Originalgrösse) S. 47 (aus dem Catalog S. 174).
11) Darnleyring (Stempel, Reif, Inneres aufgeschnitten) S. 48 u. 49 (aus dem Catalog S. 178 u. 179) in Originalgrösse.
12) Braunschweigerring in Originalgrösse S. 50 (nach einem Abdruck in Siegellack).
13) Unterschrift Maria's S. 84 (aus dem Catalog S. 175) in Originalgrösse.

Am Schlusse sind noch angereiht:

14) Bildnis Jakob V. und seiner Gemahlin Maria v. Guise, der Eltern Maria's (aus dem Catalog zu S. 162).
15) Das Mortonporträt (aus Chalmers I vor dem Titelblatt).
16) Das Westminsterporträt (aus dem Catalog vor dem Titelblatt).
17) Phantasieporträt von Bernard Lens, auf dem Umschlag (nach einer Photographie) in Originalgrösse.

Die Eltern Maria's.

Jacob V.
(Vater der Maria Stuart.)

Die Eltern Maria's.

Maria v. Guise.
(Mutter der Maria Stuart.)

Maria Stuart.
(Mortonporträt).

Grabmal Maria's in der Westminsterabtei.